Sou Fujimoto
Futurospektive Architektur

Kunsthalle Bielefeld
Verlag der Buchhandlung Walther König

Sou Fujimoto
Futurospektive Architektur

Friedrich Meschede (Hg.)

Futurospektive Architektur

nennt die Kunsthalle Bielefeld die Ausstellung zum Werk des japanischen Architekten Sou Fujimoto, mit der erstmals außerhalb Japans die Entwürfe und Projekte dieses Architekten in einer monografischen Präsentation vorgestellt werden. Im Titel kommt sprachlich zum Ausdruck, was auch als Programmatik der Ausstellung zu verstehen ist: Sie will nicht allein Rückblick (retrospektiv) auf bisherige Gebäude geben, vielmehr soll Architektur als Disziplin von Kunst und Soziologie mit den Mitteln der Raumgestaltung begriffen werden. Die Entwürfe bisheriger wie zukünftiger Bauprojekte von Sou Fujimoto gehen von Bedürfnissen der Menschen aus, die in diesen Gebäuden arbeiten oder leben. Hinter dem Wortkompositum «futurospektiv» verbirgt sich die Haltung einer in die Zukunft schauenden Konzeption von Raum, die Sou Fujimoto auszeichnet und mittels derer er bereits bereichernde Raumerlebnisse in Japan geschaffen hat. Die Erfahrungen aus seiner Heimat Hokkaido, im Norden Japans gelegen, prägen seine Konzeption, die er in seiner Schrift «Primitive Future» 2008 zum Ausdruck gebracht hat und die er für die Ausstellung in Bielefeld mit seinem Statement von «Architektur als Wald» konkretisiert hat: «Die hier präsentierte Architektur als Wald ist die Natur der Zukunft, die Architektur der Zukunft.»

Es ist selten, in einer Ausstellung, die dem Thema Architektur gewidmet ist, diese im Maßstab 1:1 vorstellen zu können. Mit einem eigens für Bielefeld geschaffenen Nachbau des preisgekrönten Final Wooden House aus den Jahren 2005 bis 2008 ist es gelungen, eine für Fujimoto prägende Raumkonzeption, auf die aktuelle Entwürfe zurückzuführen sind, im Park der Kunsthalle zu errichten; dass dies möglich wurde, dafür danken wir vor allem der Bezirksregierung in Detmold in Person von Regierungspräsidentin Marianne Thomann-Stahl, die sich spontan gemeinsam mit Walter Neuling im Sommer 2011 für dieses Projekt begeistert hat. Ihre Begeisterung übertrug sich auf den leitenden Forstdirektor der Landesbetriebe Wald und Holz in NRW, Ernst-Heinrich Uber vom Hochstift in Bad Driburg, die das notwendige Lärchenholz aus den Wäldern dieser Region zur Verfügung stellen konnten. Des Weiteren wurde die Realisierung dieses Projekts sowie der Ausstellung ermöglicht durch die engagierte Vermittlung von Dr. Ingrid Stoppa-Sehlbach vom Ministerium für Familie, Kinder, Jugend, Kultur und Sport in Düsseldorf und den Rückhalt von Ministerin Ute Schäfer. Das Holzhaus selbst konnte schließlich durch das Handwerksbildungszentrum Bielefeld-Brackwede und ihren Leiter für das Zimmermannswesen, Jörg Hainke, und mit Unterstützung des Geschäftsführers Klaus-Werner Schäfer mit engagierten Auszubildenden unentgeltlich zu dem gefügt werden, was Sou Fujimoto konzipiert hat. Für die notwendige Betreuung dieses Bauvorhabens vor Ort danken wir Joachim Oehme und seinem Mitarbeiter Philip Klasing, Oehme und Partner Architekten Bielefeld, die in Zusammenarbeit mit den Firmen Quakernack Straßen- und Tiefbau und Menke Glas die Pläne Sou Fujimotos zu einem erfolgreichen Abschluss geführt haben. Die eigentliche Voraussetzung für dieses Projekt einer ungewöhnlichen Architekturausstellung wurde durch die Kulturstiftung pro Bielefeld und ihren Vorstand Dr. Axel Brandi zur Verfügung gestellt, zudem haben Mittel von The Japan Foundation Tokyo die Realisierung ermöglicht; dafür danken wir stellvertretend dem Senior Mitglied des Direktoriums des Japanischen Kulturinstituts in Köln, Frau Tokiko Kiyota.

Es ist nicht das erste Mal, dass zeitgenössische Architektur in der Kunsthalle Bielefeld gezeigt wird. Ein Grundstein dafür wurde früh gelegt, als Ulrich Weisner 1984 das zeichnerische Werk von Gottfried Böhm ausstellte, zehn Jahre später folgte mit «Väter und Söhne» eine umfassende Darstellung der Architektenfamilie Böhm. Dazwischen präsentierte Ulrich Weisner 1989 «Neue Architektur im Detail: Heinz Bienefeld, Gottfried Böhm, Karljosef Schattner». Schließlich stellte er 1993 gemeinsam mit dem Förderkreis der Kunsthalle Bielefeld den Entwurf für einen Erweiterungsbau vor, entworfen von Frank Gehry. Mit der Initiative für ein Museum von Frank Gehry im benachbarten Herford wurden Überlegungen für ein Erweiterungsgebäude in Bielefeld für lange Zeit obsolet. Das Thema blieb virulent und hat Thomas Kellein dazu angeregt, 2004 den Künstler Ilya Kabakov und seine Architekturprojekte in der Kunsthalle Bielefeld vorzustellen.

«Sou Fujimoto – Futurospektive Architektur» ist in dieser Genealogie von international ausgerichteten Architekturausstellungen in der Kunsthalle Bielefeld zu sehen, die ihrerseits vermöge des Kunsthallengebäudes von Philip Johnson aus dem Jahre 1968 einen hohen Anspruch an räumlichem Denken und architektonischer Gestaltung vorgibt. Die Kunsthalle Bielefeld ist als Baudenkmal des Internationalen Stils, wie er von Johnson geprägt und gemeinsam mit dem Architekturtheoretiker Henry-Russel Hitchcock artikuliert wurde, bis heute ein Meilenstein in der Museumsarchitektur der zweiten Hälfte des 20. Jahrhunderts und in einem Atemzug zu nennen mit dem am 21. Oktober 1959 eröffneten Solomon R. Guggenheim-Museum von Frank Lloyd Wright in New York und zeitgleich mit der Neuen Nationalgalerie von Mies van der Rohe in Berlin, die am 15. September 1968, nur zwölf Tage vor dem Museum in Bielefeld, eröffnet wurde. In diesem Zusammenhang darf man deshalb mit Yoko Ono zu Recht eine andere japanische Künstlerin zitieren, die anlässlich ihrer Ausstellung 2008 die Kunsthalle Bielefeld als «das schönste Museum der Welt» bezeichnet hat.

Dass diese Ausstellung zu dem geworden ist, was wir in diesem Katalog zu dokumentieren suchen, ist nicht ohne das allem Anschein nach schier unbegrenzte Arbeitspensum aller Mitarbeiter im Büro Sou Fujimoto Architects in Tokyo denkbar. Hier gilt vor allem Hideto Chijiwa unser unermesslicher Dank, der sowohl als sprachliches Nadelöhr als auch mit seinem technischen Sachverstand Scharnier war zwischen Tokyo und Bielefeld. Für den weiteren Aufbau im Hause danke ich dem Team um Philip Göbel sowie den Firmen S.T.W. und Alexander Teichrib für das geduldige Herstellen immer neuer Sockelstelen und der Firma BSF, Horst Boge.

Selbstverständlich gilt unser Dank Sou Fujimoto und seiner Frau Yumiko, diesem Vorhaben im Sommer 2011 zugestimmt zu haben zu einem Zeitpunkt, als viele Projekte, an denen er und sein Büro derzeit arbeiten, noch nicht absehbar waren. Ein Architekturbüro ist kein Künstleratelier, in dem Zeit oftmals still zu stehen scheint. Architekten arbeiten immer an den nächsten Wettbewerben oder an den neuen Baustellen – und eine Ausstellung in einem Museum gehört nicht zu den vorrangigen Aufgaben. Seit Monaten haben alle Mitarbeiter in Tokyo an den Modellen für die Ausstellung gearbeitet. Dafür danke ich Masaki Iwate, Mai Suzuki und Toshiyuki Nakagawa für die intensive Arbeit beim Aufbau der fragilen Objekte in der Kunsthalle.

Im Katalog wird der kulturelle Hintergrund einer jüngeren japanischen Architekturentwicklung von Prof. Dr. Jörg Gleiter beschrieben, wofür ich ihm herzlich danke. Dr. Günter Küppers danke ich für seinen Text, in dem die Entwicklung unseres Raumverständnisses aus der Perspektive der Physik dargelegt ist, weil dieser Aspekt naturwissenschaftlichen Denkens für Fujimoto essenziell ist. Ich danke Miyuki Terai, die mir als Projektassistentin in der Kunsthalle Übersetzungen der bisher nur in Japan erschienenen Texte von Sou Fujimoto vermittelt hat, ohne deren Mehrdeutigkeit von Begriffen und Gedanken ich die Komplexität japanischer Kultur und des immer nach Offenheit strebenden Denkens von Sou Fujimoto nicht erfasst hätte. Zusammenhänge zwischen Architektur und Soziologie haben sich mir durch den Gedankenaustausch mit Dr. Karin Werner vom transcript -Verlag Bielefeld neu erschlossen, ohnehin ist dieser Verlag mit seinen Autoren und Themen eine intellektuelle Fundgrube in Bielefeld.

Katalog und grafisches Erscheinungsbild wurden aus großem Verständnis um das Thema von Thomas Mayfried und Swantje Grundler gestaltet, auch ihnen gilt mein Dank an dieser Stelle.

Zu einem Zeitpunkt, als diese Ausstellung für die Kunsthalle Bielefeld denkbar wurde, war ich 2011 mit der Garden Gallery von Sou Fujimoto im Skulpturenpark in Köln beschäftigt; es ist das erste Bauwerk von ihm in Europa. Ich möchte deshalb an dieser Stelle Dr. Boris Stoffel, seiner Frau Dr. Susanne Stoffel und Dr. Thomas Kurth vom Vorstand der Stiftung Skulpturenpark Köln danken. Ohne ihre unmittelbare Begeisterung für diese Garden Gallery und ohne ihre Leidenschaft, diesen Pavillon dort im Park sehen zu wollen, wäre meine Auseinandersetzung mit dem Werk von Sou Fujimoto nie zu einer solchen Ausstellung gereift. Plötzlich konnten mit jener Garden Gallery in Köln und dem Final Wooden House hier in Bielefeld gleich zwei Bauwerke von Sou Fujimoto in Nordrhein-Westfalen in nur einem Jahr fertig gestellt werden. Es wäre ganz natürlich, in Zukunft weitere Projekte mit ihm realisieren zu dürfen.

Friedrich Meschede

In einem Haus
zu wohnen
ist wie in einem Baum
zu wohnen.
Sou Fujimoto
Sou Fujimoto
Futurospektive
Architektur
03 06 12
02 09 12
Kunsthalle

Sou Fujimoto
Futurospektive
Architektur

2
Kleine Dinge ergeben ein Ganzes. Wald – Tokyo
Im Wald sind Dinge verschiedener Größe versammelt. Von Körpergröße bis zur Größe einer Stadt existieren sie nebeneinander und stehen in wechselseitiger Beziehung zueinander. In diesem Sinne ähneln die Stadtviertel von Tokyo einem Wald.
Whole made up of many small parts. Forest-Tokyo
The Forest is a place where many spectrums of scales are collected. Where the ranges of physical scales of that of a body and large urban scales relate to one another and coexist. Under this premise, the city of Tokyo is akin to a forest.

3
Zwischen Natur und Menschenwerk
Architektur als Wald eröffnet uns eine neue Umwelt, zwischen
Natur und Menschenwerk.
Between Nature and
Architecture as Forest opens
nature and artificiality

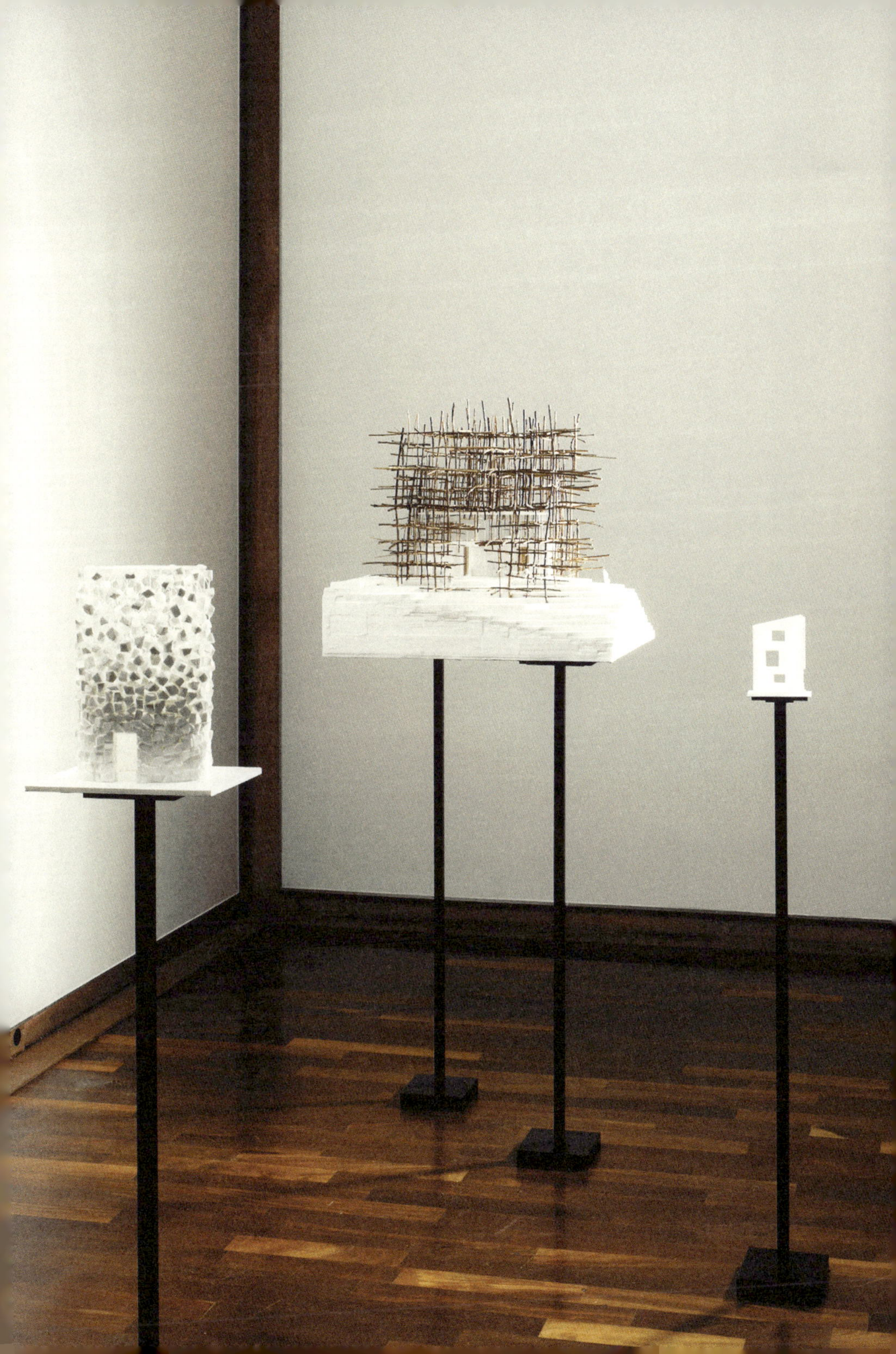

7

Archite

Ausgehenc
auf die Ar

Archite

The forest a

2

Kunsthalle Bielefeld
Grundriss Erdgeschoss / Floor-plan groundfloor

1 **Text: Architektur als Wald / Text: Architecture as forest**
2 **Installation Forest-City**

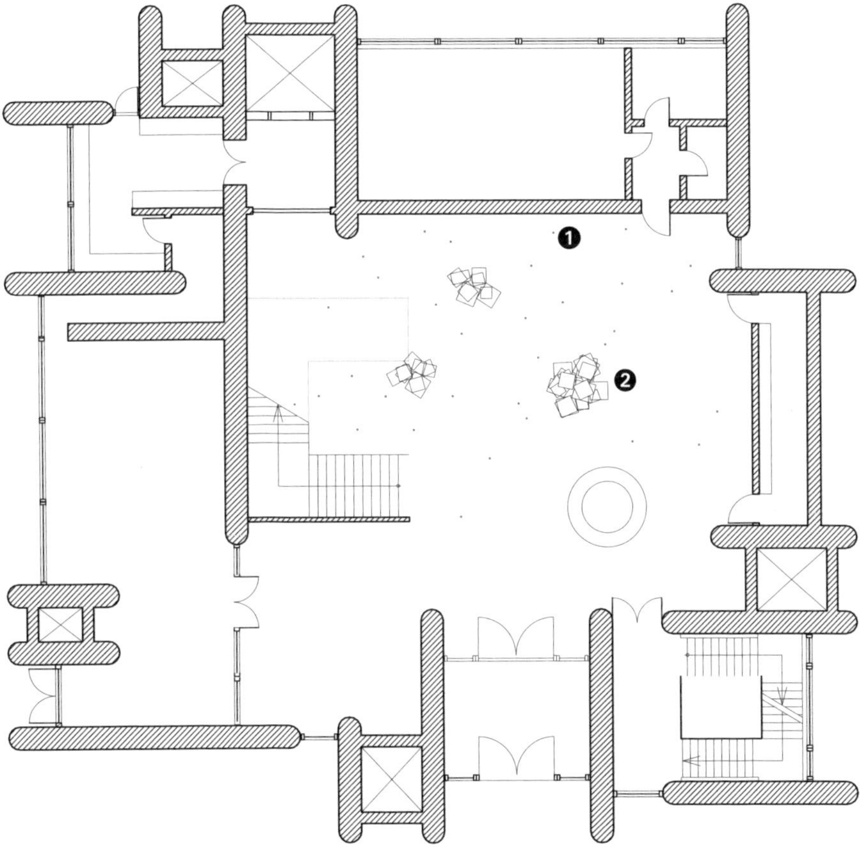

Kunsthalle Bielefeld
Grundriss 1. Obergeschoss / Floor-plan first floor

1 Körper, Baumklettern, Architektur / Body, Tree-climbing, Architetcure
2 Kleine Dinge ergeben ein Ganzes. Wald—Tokyo / Whole made up of many small parts. Forest—Tokyo
3 Zwischen Natur und Menschenwerk / Between Nature and Artificiality
4 Übergang / Gradation
5 Einrichtung, Architektur, Stadt, Landschaft / Furniture, Architecture, City, Landscape
6 Der dreidimensionale Wald / Three-dimensional Forest
7 Architektur als Wald / Architecture as Forest
8 Lounge

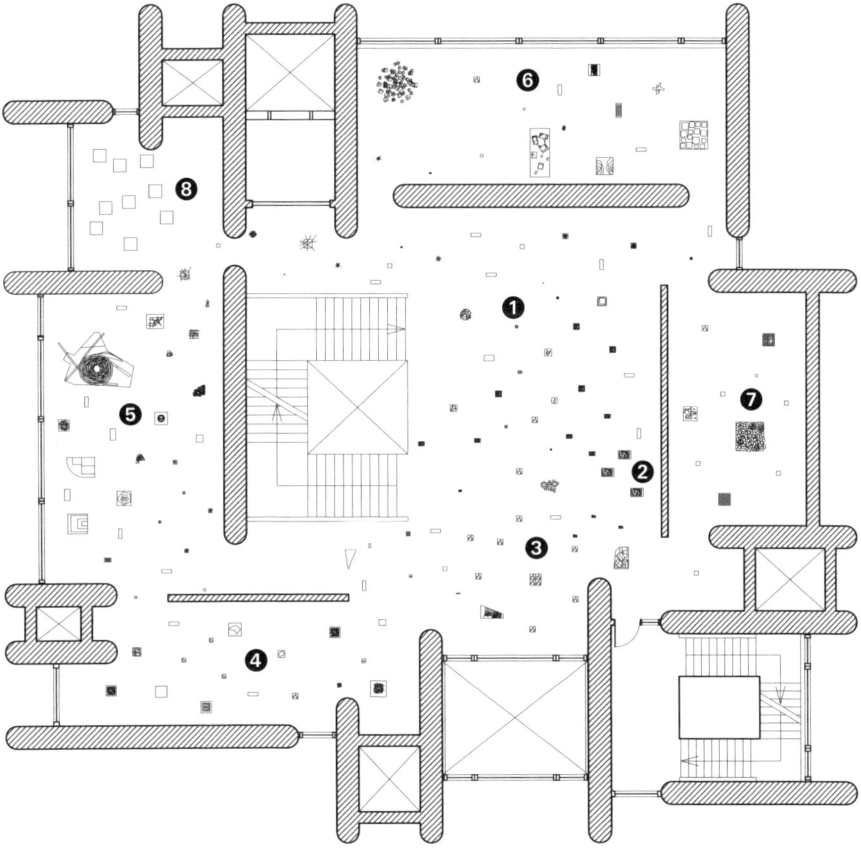

Kunsthalle Bielefeld
Grundriss 2. Obergeschoss / Floor-plan second floor

1 Musashino Art & University Library Installation
2 Videoraum / Video room

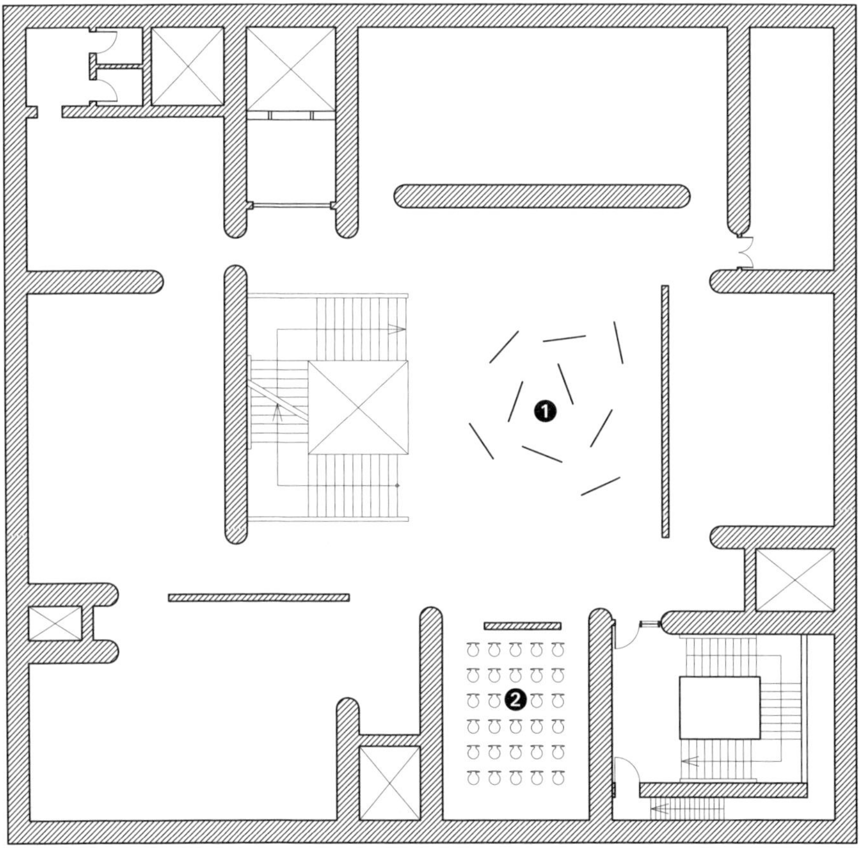

Architektur als Wald
Sou Fujimoto

Ich stelle mir die Architektur der Zukunft wie eine Art Wald vor. Im Wald existieren ganz unterschiedliche Dinge nebeneinander und stehen in wechselseitiger Beziehung zueinander, angefangen von ganz kleinen Dingen wie Blättern, Insekten oder Samen, bis hin zur Größenordnung von Mammutbäumen. Diese Vielfalt fasziniert mich. Der Reichtum, der aus der Beziehung zwischen Ordnung und Chaos entsteht. Wenn es uns also gelingt, eine Architektur in der Art eines Waldes zu schaffen, wird sie die bisherige Architektur und die bisherigen Städte an Komplexität und Vielfalt übertreffen. Auch der Mensch wird ein organischer Teil dieser Vielfalt sein. Die verschiedenen hier ausgestellten Projekte sind Versuche, eine neue, bislang unbekannte natürliche/künstliche Umwelt zu schaffen, wie den dreidimensionalen Wald, den geometrischen Wald oder den städtischen Wald. Es handelt sich sowohl um realisierte Projekte als auch um konzeptionelle Versuche und derzeit laufende Planungen. Sie reichen von ganz kleinen Gebäuden bis zu riesigen Bauwerken von mehreren 100 m Höhe oder Stadtanlagen. Die hier präsentierte Architektur als Wald ist die Natur der Zukunft, die Architektur der Zukunft. Ausgehend vom realen Wald wirft sie ein Licht auf die Architektur der Zukunft.

Architecture as Forest
Sou Fujimoto

I believe the Architecture of the future lay within some being akin to a Forest. Within a forest, from leaves and insects and the seeds it carries, to the grand scale of the tree trunks, myriad of truly diverse matters interrelate and coexist. It is this diversity that I am strongly attracted to. Richness born from space between order and chaos. Thus if Architecture akin to a Forest can be created, it will be a place of complexity, rich in diversity far beyond preexisting architecture and cities of today. And its inhabitants will organically be a part of this diversity. The projects exhibited here are attempts to create. New notions of nature and man-made environments—Three-dimensional forest, Geometric forest, Urban forest, and so on. Some projects have been realized, some solely conceptual, and some are currently in development, ranging from small / micro architecture to colossal buildings and urban facilities several-hundred meters tall. Architecture as Forest, presented here is the future of Nature and the future of Architecture. The Forest as the origin shines a light to the future of Architecture.

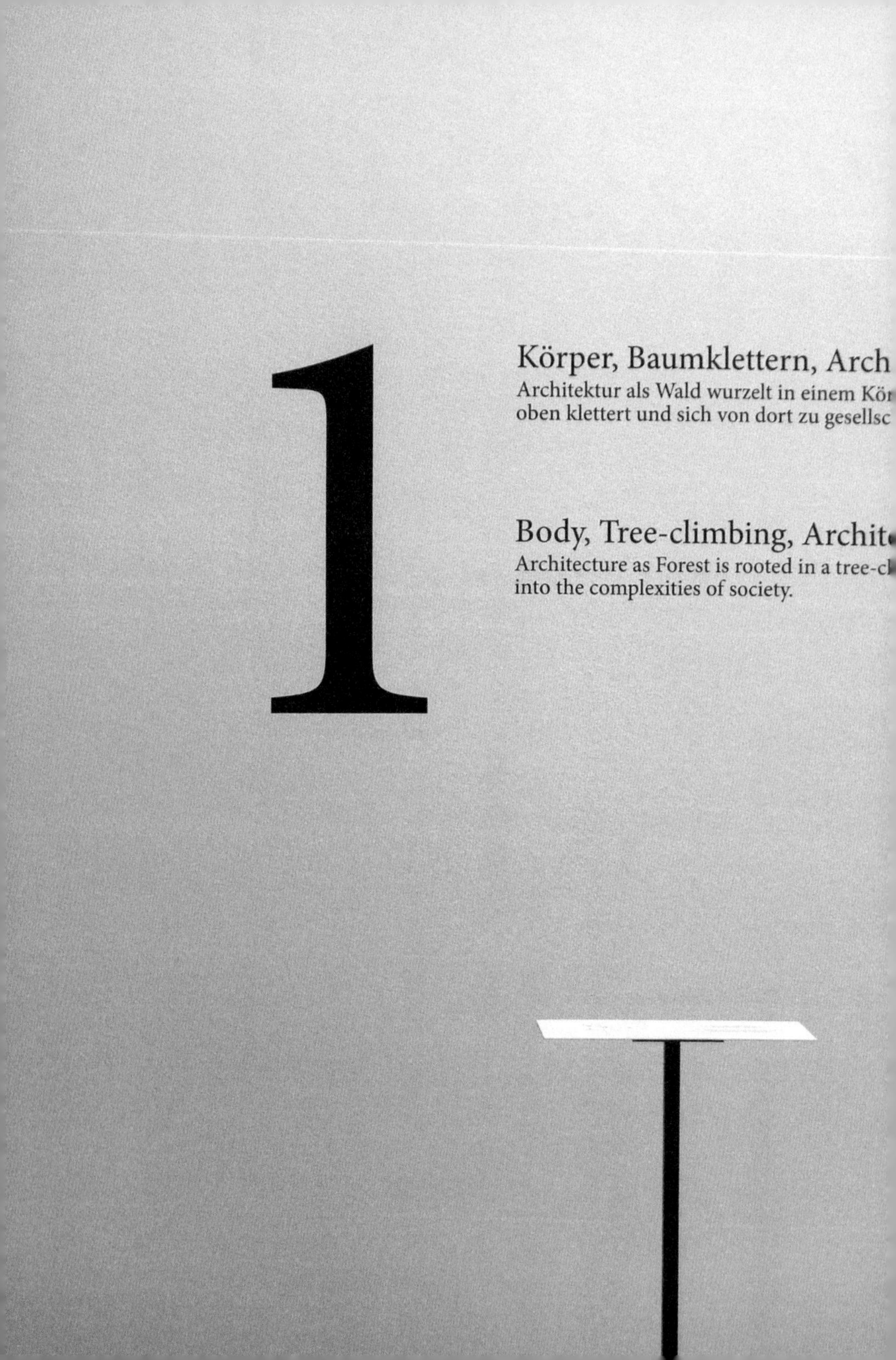
1
Körper, Baumklettern, Arch
Architektur als Wald wurzelt in einem Kö
oben klettert und sich von dort zu gesellsc
Body, Tree-climbing, Archit
Architecture as Forest is rooted in a tree-c
into the complexities of society.

Körper, Baumklettern, Architektur: Architektur als Wald wurzelt in einem Körper, der wie auf einen Baum nach oben klettert und sich von dort zu gesellschaftlicher Komplexität entfaltet.

Body, Tree-climbing, Architecture: Architecture as Forest is rooted in a tree-climbing body, of which it expands into the complexities of society.

Ein Prototyp für das Haus der Zukunft, das allein aus einer Serie von 35 cm hohen Stufen besteht. Zwischen Mobiliar, Architektur und Topographie.

A prototype for the house of the future, formulated entirely by series of 35 cm steps. In between furniture, architecture and topography.

Primitive Future House
2001

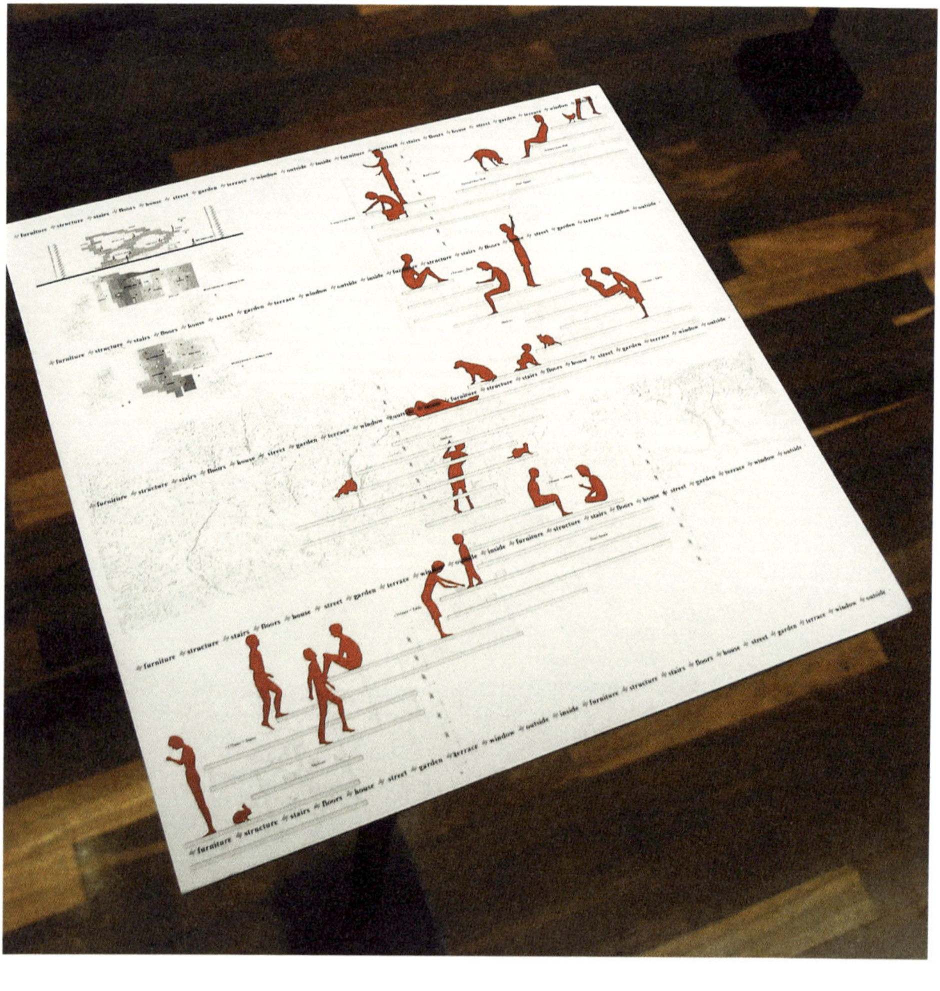

Sowohl das Nest als auch die Höhle sind primäre Stadien der Architektur, doch in einem gewissem Sinne sind sie gegensätzlich. Ein Nest lässt sich beschreiben als gastlich gestalten «funktionalen Ort» für den darin wohnenden Menschen (oder das Tier). Im Gegensatz dazu existiert eine Höhle unabhängig vom Menschen.

The nest and the cave are both primal states of architecture, but in a sense these two are opposites. For the person (or animal) living in it, a nest can be described as a hospitably arranged «functional place». By contrast, a cave is there regardless of people.

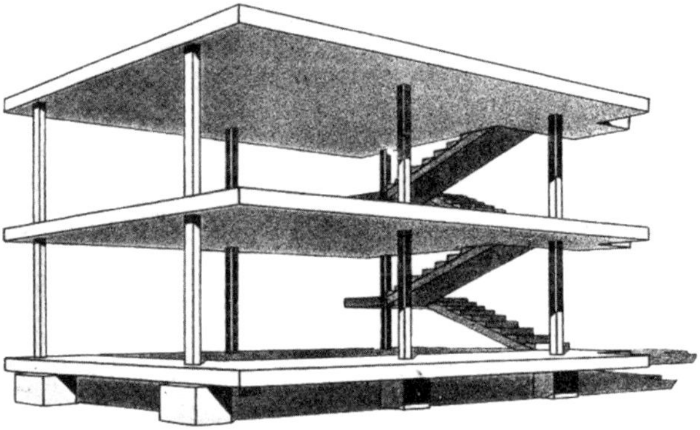

NEST

CAVE

Diese Architektur nimmt sich die genormte Geschosshöhe zum Vorbild und halbiert sie. Ähnlich wie bei einem japanischen Kimono, der mit einer Aussparung hergestellt wird, finden hier der Raum und der Körper unzählige Verbindungen innerhalb dieser Fuge.

This architecture takes the normative storey height of a room, halving it down. Similar to the Japanese kimono which is positively crafted with a gap, here the space and the body find myriad of relationships within this gap.

Eine Lücke zwischen Kleidung und Mensch. Die Lücke selbst erzeugt eine Figur. Die Lücke selbst erzeugt eine Struktur. Sie wird zu einer Form.

A gap between clothing and person. The gap itself constitutes a figure. The gap itself constitutes a structure. It becomes a form.

Inspiriert von einem gewebten Stoff, um den Raum zu untersuchen, in dem sich viele Aktivitäten überschneiden.

Inspired by fabric woven together, to examine the space where diverse activities intersect.

Hier ist alles organisch ineinander verwoben. Material-Struktur-Rahmen-Dämmung-Mobiliar-Fassade-Interieur-Boden-etc. …

Here everything is organically interwoven. Material-Structure-Frames-Insulation-Furniture-Cladding-Interior-Floor-etc. …

Ein Nest für Menschen ist ein auf Gastfreundlichkeit ausgerichteter funktionaler Ort. Eine Höhle hingegen nimmt keine Rücksicht auf die Bedürfnisse des Einzelnen. Heuristisch betrachtet ist sie ein Bereich, in dem unendliche Möglichkeiten aus der Interaktion mit dem Einzelnen geschaffen werden. Die große Komplexität, die der Höhle innewohnt, muss die Zukunft der Architektur beinhalten.

A nest for people is a hospitably arranged ‹functional› place. On the other hand, a cave is irrespective to one's need, it is a heuristic domain where infinite possibility is born out of interaction with one. Rich complexity inherent in the cave must behold the possibility to the future of architecture.

Ist es möglich, eine Architektur zu erzeugen, die wie eine Höhle ist?

Is it possible to engender architecture like a cave?

Alles zugleich: Material, Form, Raum und Erfahrung.

Being both material, form, space and experience.

Final Wooden House
2008
Kumamoto, Japan

um zaghaft Schatten zu spenden,
um zaghaft vor Regen zu schützen,
um zaghaft einen Bereich anzudeuten

to faintly shade from the sun,
to faintly protect one from the rain,
to faintly suggest a territory

Eine Assemblage aus Möbelstücken, die zur Architektur wird — oder eine Architektur, die zu Möbelstücken zerlegt wird?

Assemblage of furniture becoming architecture, or architecture broken down into furniture?

Wenn Materie zusammengefügt wird, werden eine Geometrie, ein Ort und eine Architektur geboren.

When matters are gathered, a geometry is born, a place is born and architecture is born.

Ein Dach wie eine Baumkrone.

Roof like a tree canopy.

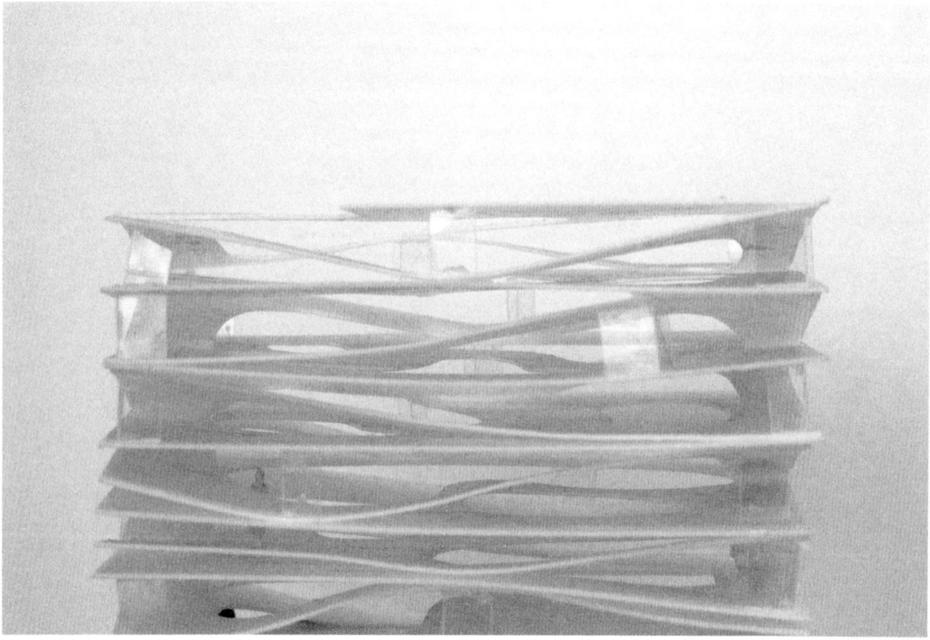

Genau wie Bätter, die eines auf das andere fallen, sind schwankende Etagen aufeinander gestapelt. Zwischen Architektur, Topographie und Mobiliar.

Akin to leaves falling on top of one another, fluctuating floors are stacked on top of one another. Between architecture, topography and furniture.

Stell' Dir einen Raum mit der Dichte eines Äthers vor. Die angenehme Erfahrung beim Umherlaufen entsteht durch die Bäume in der Umgebung, die Blätter, die Du berührst und den Duft des Holzes. Kann es einen transparenten Wald geben?

Imagine a space with a substantial density like an ether. Meandering through a forest, the pleasant experience is shaped by the trees around, the leaves you touch, by sensing the creatures and the smell of the woods. Can there be a transparent forest?

Ich sehne mich nach einer
Architektur, die wie ein Berg ist.
Sie sollte die einfachste Beziehung
des Körpers mit der Landschaft
erzeugen.

I long for an architecture like
a mountain. It must engender
the most primitive relationship
of the body with the land.

Stell' Dir vor, Du würdest in dieses Modell, das nur aus Blättern besteht, einziehen. Eine neue Raumerfahrung für den Körper.

Imagine moving into this model made simply out of leaves. A new spatial relationship with the body.

Eine Fläche lose begrenzen.

To loosely encircle a region.

Kleine Dinge ergeben ein Ganzes. Wald — Tokyo:
Im Wald sind Dinge verschiedener Größe versammelt. Von Körpergröße bis zur Größe einer Stadt existieren sie nebeneinander und stehen in wechselseitiger Beziehung zueinander. In diesem Sinne ähneln die Stadtviertel von Tokyo einem Wald.

Whole made up of many small parts. Forest — Tokyo:
The Forest is a place where many spectrums of scales are collected. Where the ranges of physical scales of that of a body and large urban scales relate to one another and coexist. Under this premise, the city of Tokyo is akin to a forest.

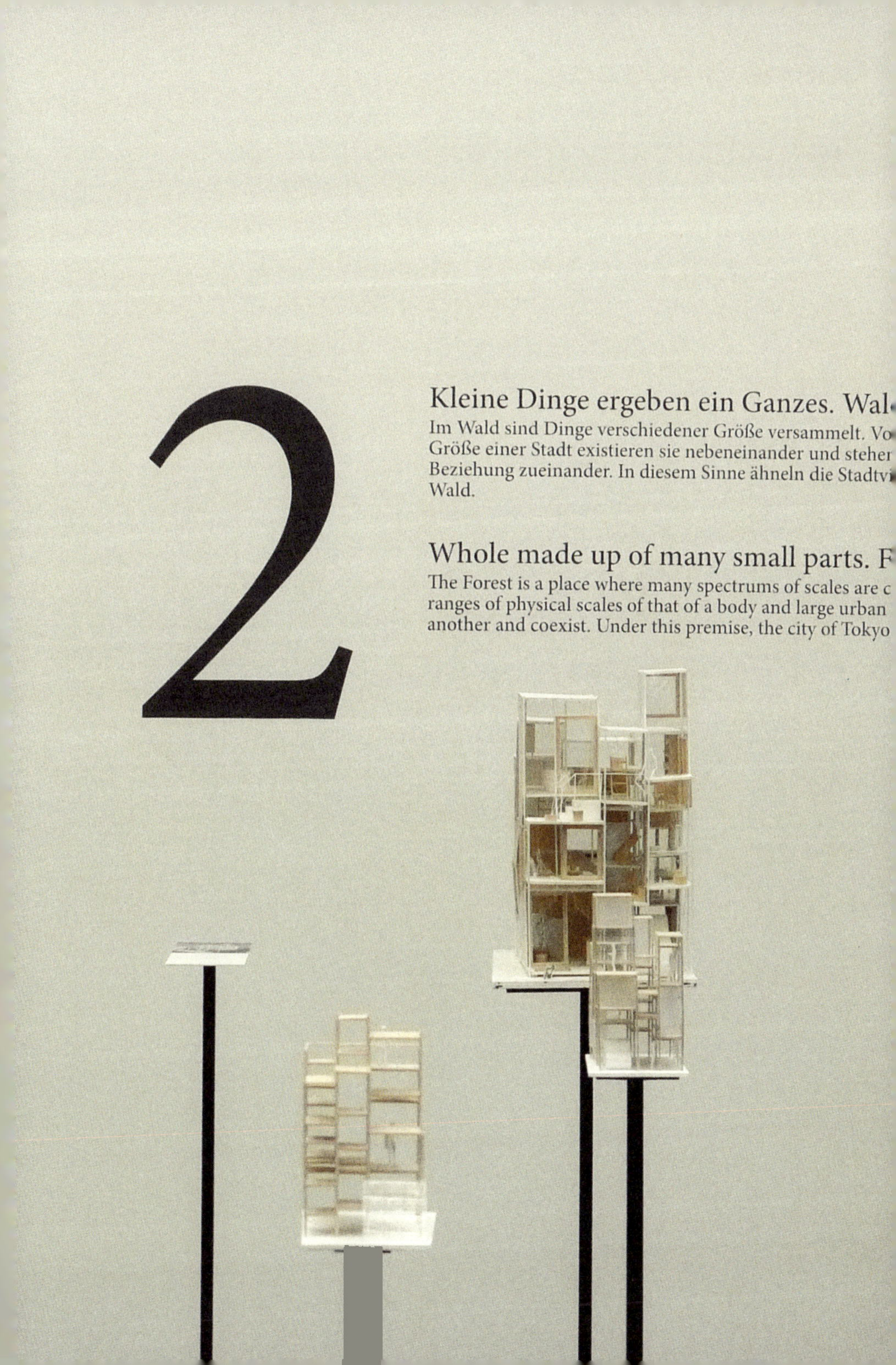
2
Kleine Dinge ergeben ein Ganzes. Wal
Im Wald sind Dinge verschiedener Größe versammelt. Vo
Größe einer Stadt existieren sie nebeneinander und steher
Beziehung zueinander. In diesem Sinne ähneln die Stadtv
Wald.
Whole made up of many small parts. F
The Forest is a place where many spectrums of scales are c
ranges of physical scales of that of a body and large urban
another and coexist. Under this premise, the city of Tokyo

In einem Haus zu wohnen ist wie in einem Baum zu wohnen. Es gibt viele Äste, und jeder ist ein Ort zum Wohlfühlen. Es gibt keine hermetisch abgeriegelten Räume, sondern sie sind miteinander verbunden und definieren sich gegenseitig stets aufs Neue.

To live in a house is akin to living in a tree. There are many branches and each is a pleasant place to be. They are not hermitically isolated rooms, but connected and continually redefining each-other.

Architektur ist ein Raum, der einem Fenster anhängt. Stell' Dir eine Architektur nur aus Fenstern vor. Außen und Innen wären noch stärker miteinander verflochten.

Architecture is a space affixed to a window. Imagine: If an architecture was made up entirely of windows, the interior and exterior would be intertwined even more.

Funktion ist das Verhältnis von Mensch und Raum.

Function is the relationship of man and space.

Man könnte sagen, dass es viele kleine Räume gibt oder aber einen einzigen Raum mit vielen unterschiedlichen Ausformungen.

It could be said that there are many small rooms, or a single room with various undulations within it.

Loft
Loft

Der Kunde war es gewohnt, sich im Haus wie ein Nomade zu bewegen. Daraus entsprang die Idee, sich von Ast zu Ast zu bewegen.

Client's lifestyle was to move around the house like a nomad. This inspired the idea of moving from branch to branch.

Die Kunden waren ein junges Paar.
Sie mochten das Konzept vom
ersten Moment an.

Client was a young couple.
They both were fond of the
concept from the first moment
we presented the model.

Living like meandering amongst a
three-dimensional forest.
Leben, als würde man inmitten
eines dreidimensionalen Waldes
wandeln.

Leben, als würde man inmitten eines dreidimensionalen Waldes wandeln.

Living like meandering amongst a three-dimensional forest.

Ein angenehmer Ort, als würde man von Sträuchern und Büschen umgeben leben.

A pleasant place, like living surrounded by man-made shrubs and bushes.

Tokyo ist wie ein großes Haus, genau so ist ein Haus wie ein kleines Tokyo.

Tokyo is akin to a large house, similarly, a house is a small Tokyo.

Ein kleines Haus, das in einem dicht besiedelten Stadtteil von Tokyo steht. Ein Haus wie ein luftiger, künstlich geschaffener Wald, als würde man in einer Baumkrone wohnen und sich von Ast zu Ast bewegen.

A small house set within a dense residential district in inner Tokyo. House like an airy man-made forest, like living on the tree-top traversing from branch to branch.

Children C
2006 Hokkaido, Ja

Children's Center for Psychiatric Rehabilitation 2006 Hokkaido, Japan

Das Platzieren von Orten wie Bäume in einem Wald. Innerhalb dieses künstlichen Waldes haben Kinder das Sagen.

Posting places like trees in a forest, and within this artificial forest children are in command.

Materie, die auf natürliche Weise zusammengefügt wurde, zeugt von einer ungewöhnlich reichen Komplexität.

When a matter is naturally agglomerated, it heralds a strangely rich complexity.

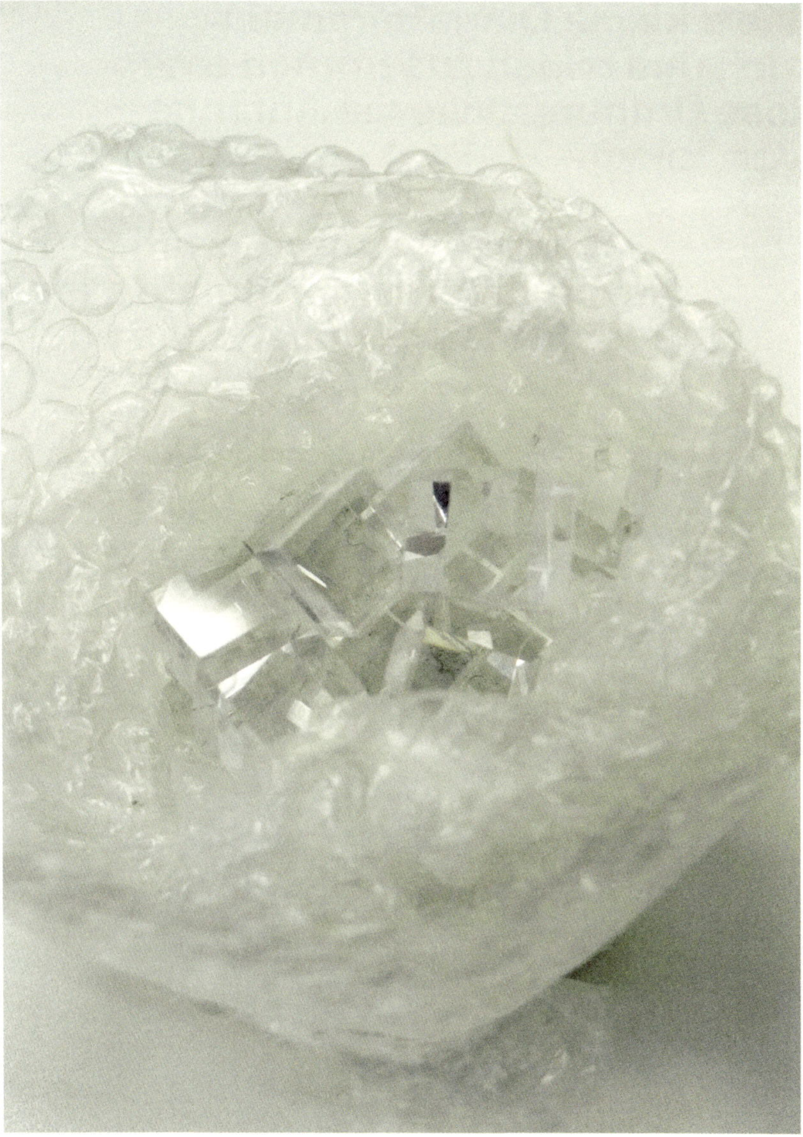

Viele kleine Dinge sammeln sich und bilden zusammen eine lose Ordnung. Wie die Anfänge von Tokyo.

Many small matters are gathered and together formulate a loose order. Analogous to the origins of Tokyo.

Die ungeordnete Komplexität Tokyos ist der Vielfältigkeit eines Waldes sehr ähnlich.

The disorderly complexity inherent in Tokyo is much like the diversity of a forest.

Kleine Dinge erzeugen zusammen eine lose Ordnung; diese Beschaffenheit ist wie ein Wald.

Small matters collectively engender a loose order, this condition is like a forest.

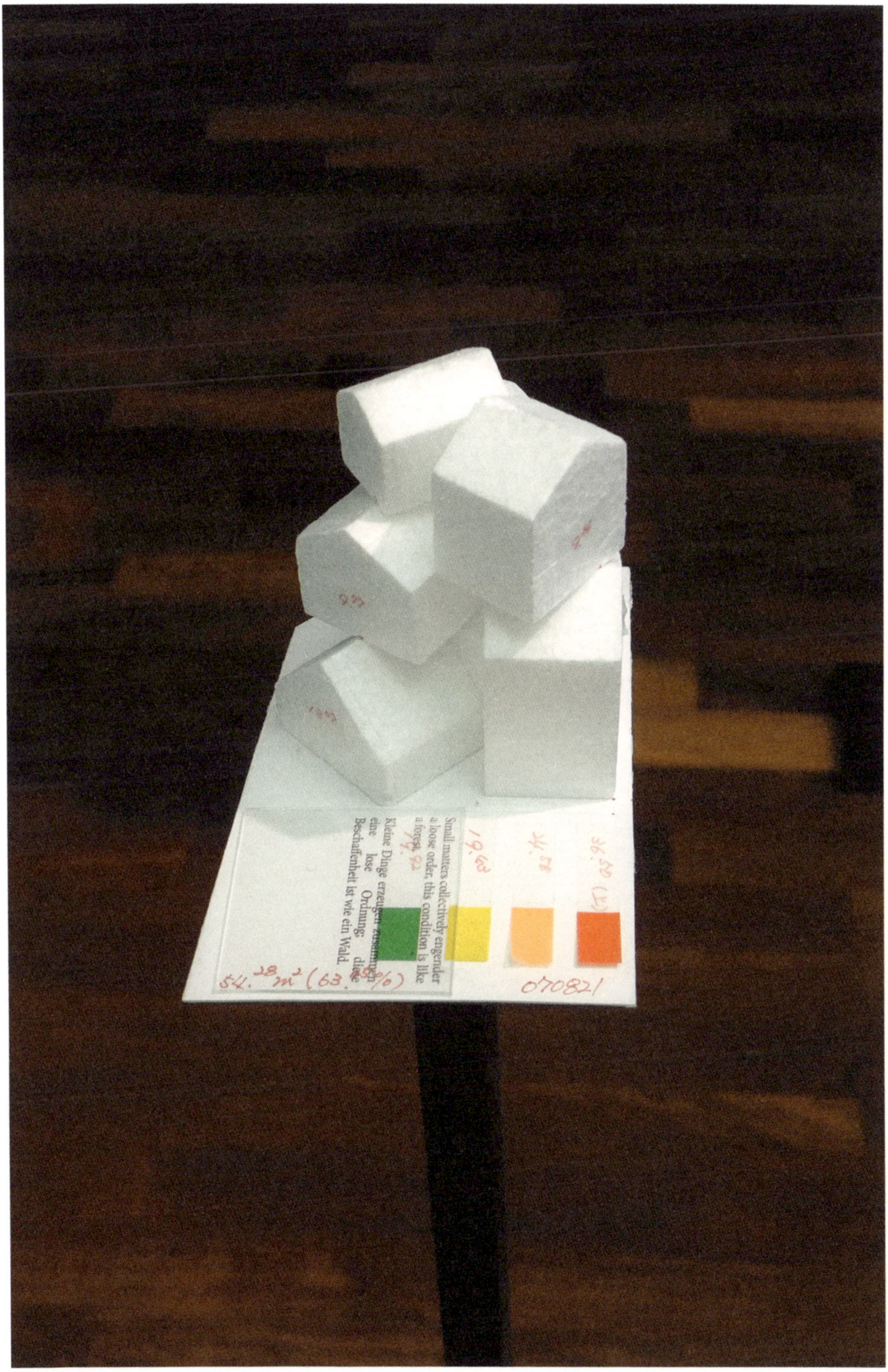
Small matters collectively engender a loose order, this condition is like a forest.
Kleine Dinge erzeugen zusammen eine lose Ordnung; diese Beschaffenheit ist wie ein Wald.
070821

Eine Gruppe von Häusern erscheint manchmal wie eine Naturkulisse, wie ein Berg.

Groups of houses at times appear like a natural scenery, like a mountain.

Groups of houses at times appear like a natural scenery, like a mountain.
Eine Gruppe von Häusern
manchmal wie eine
Berg.

Dies ist Tokyo am ähnlichsten, wenngleich einem Tokyo, das so niemals existierte. Überaus dicht gedrängte Wohneinheiten und dreidimensional verflochtene Gassen.

Most Tokyo-like, yet a Tokyo that never existed. Excessively densified living units, and three-dimensionally intertwined alleyways.

Zwischen Natur und Menschenwerk: Architektur als Wald eröffnet uns eine neue Umwelt zwischen Natur und Menschenwerk.

Between Nature and Artificiality: Architecture as Forest opens up a new environment between nature and artificiality.

3
Zwischen Natur und Me
Architektur als Wald eröffnet uns
Natur und Menschenwerk.
Between Nature and
Architecture as Forest op
nature and artificiali

Je nach Bedingungen und Situationen eines Projektes entwickeln sich dieselben Ideen in jeweils einzigartiger Weise.

Under various conditions and situations of a project, the same ideas are evolved in a unique way.

Kann die Mannigfaltigkeit der Architektur die Mannigfaltigkeit der Lebewesen übersteigen?

Can diversity in architecture transcend diversity of living creatures?

Wie die Entwicklung einer Lebensform; erst allmählich, dann werden plötzlich, spontan, Ideen entwickelt.

Like an evolution of a life-form; gradual, and at time as a result of spontaneity, ideas are developed.

Projekt für eine kleines
Zweithaus. Möbel, Architektur,
Licht, Struktur und Material
gehen in einer noch nie gesehenen
Weise ineinander über.

Project for a small second house.
Furniture, architecture, light,
structure, and material are merged
in a never before seen way.

Der Garten ist die ursprünglichste Form der Architektur. Der erste Versuch des Menschen, die Natur zu verändern, oder das Spiel von Mutter Natur mit dem, was der Mensch geschaffen hat.

The Garden is the primordial form of architecture. It is man's first attempt in modifying nature, or mother nature's play of the man-made.

Der Moment, bevor Licht und Stein geteilt werden oder der Moment, in dem Licht und Stein eins werden.

The moment before light and stone are separated, or the moment light and stone become unified.

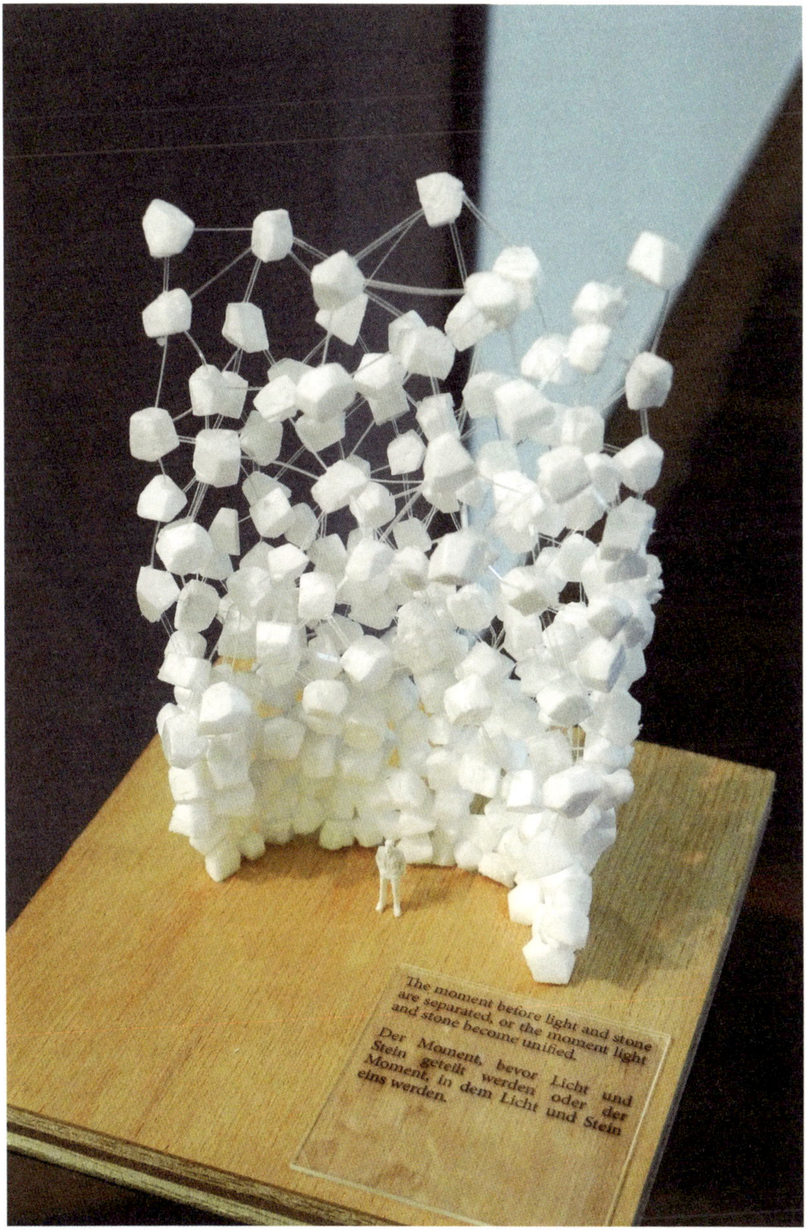
The moment before light and stone are separated, or the moment light and stone become unified.
Der Moment, bevor Licht und Stein geteilt werden oder der Moment, in dem Licht und Stein eins werden.

Eine einfach gemauerte Kapelle, aber wenn sie sich dem Himmel nähert, lösen sich ihre Wände im Licht auf. Kann Architektur nur aus Licht gemacht werden?

Simple masonry chapel, but as it nears the sky, the wall dissolves into light. Can architecture be made solely of light?

Wenn eine Wand nicht länger eine Wand ist, könnte eine neue Architektur erzeugt werden.

If a wall is no longer a wall, a new architecture may be engendered.

Wenn ein überdimensional großer Baum im Zentrum einer Stadt steht, ist er ein künstlicher Baum und genauso eine konstruierte Natur.

If one colossally large tree stands in the center of a city, it is an artificial tree and equally, architecturalized nature.

Ein Wald ist ein Ort mit Licht und Schatten. Er ist geschützt und gleichzeitig offen für unbegrenzte Möglichkeiten.

A forest is a place of lucidity and opacity. It is well protected and at the same time opened up to vast opportunities.

Ist dieser merkwürdige komplexe
Raum innerhalb des Schwammes
die Form eines Waldes in der
Zukunft?

Is this strangely complex space
within the sponge the form of
a forest in the future?

Sowohl symbolisch als auch transparent. Was übrig bleibt, sind Menschenmengen.

Being both symbolic and transparent. What is left are crowds of people.

Ein gerade entstehender 300 m hoher Turm in Taiwan. Er ist beides: von bedeutender Größe und gleichzeitig unbestimmt.

A 300 m tall tower project underway in Taiwan. Being both a grand existence and an obscure existence.

Taiwan Tower
Location
Program
Client
Structure
rea
Taichun, Taiwan
Tower
Taichun City
Steel
11934.4㎡

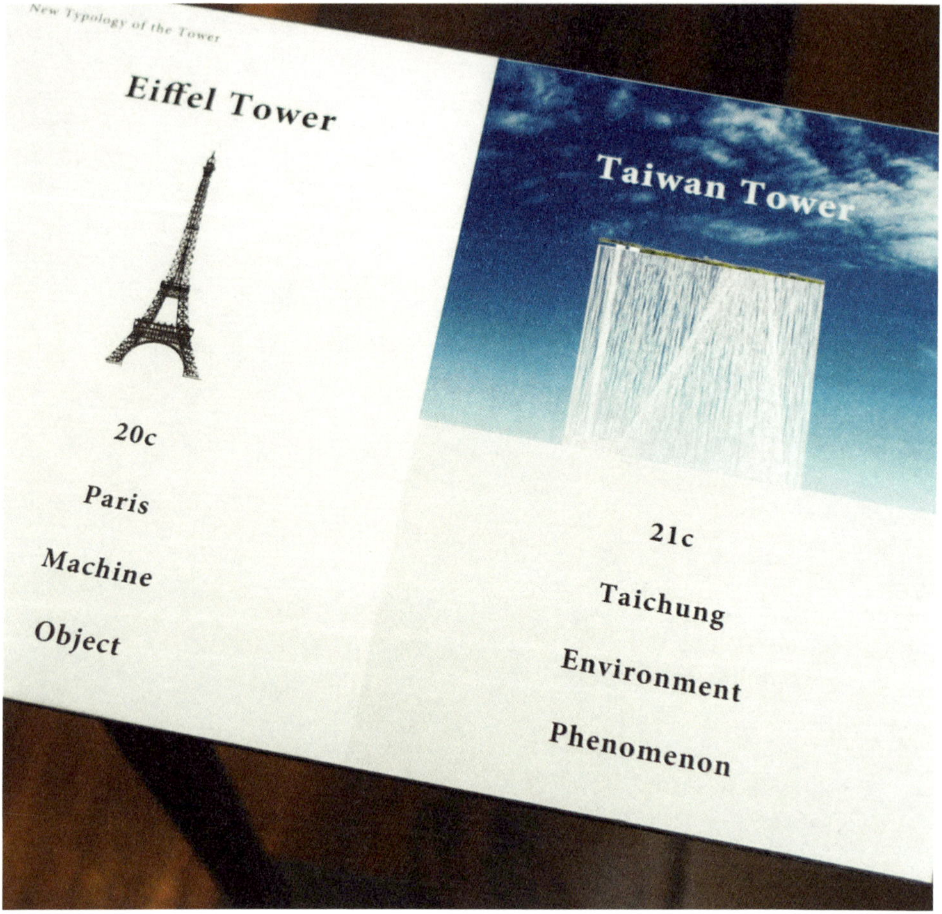
New Typology of the Tower
Eiffel Tower
20c
Paris
Machine
Object
Taiwan Tower
21c
Taichung
Environment
Phenomenon

In Taiwan wird er von den
Menschen Bambusturm genannt.
Ein neuer Typus eines Turms, die
über den Eiffelturm hinausweist.

In Taiwan people refer to it as
a Bamboo Tower. A new typology
of tower beyond the Eiffel Tower.

Ein Haus, das gerade in Spanien gebaut wird. Ein Rahmen aus einfachen Holzbalken, der angenehme Schattenbereiche schafft, erinnert an einen künstlichen Baum oder einen Wald. Es ist gleichzeitig Struktur, Ort, Raum und Licht.

House under progress in Spain. Primitive timber structural frame which provides pleasant shaded area can be referred to as man-made tree or forest. Such is equally structure, place, space and light.

Wo mehrere Bäume zusammenstehen, beginnt Architektur. Hier ist die Unterscheidung zwischen Natur und von Menschenhand Geschaffenem noch unklar.

Be there several trees, this marks the beginning of architecture. And here the distinction of nature and man-made is still ambiguous.

Ein Gitternetz wird ab einem bestimmten Punkt zu einer zarteren Geometrie. Die Harmonie von Künstlichkeit und Natur.

A grid lattice at a certain point may transform itself into a more gentle geometry. The harmony of artificiality and nature.

Übergang:
Architektur als Wald kann als fließender Übergang verstanden werden, der Innen und Außen miteinander verschmelzen lässt. Sie bildet ein neues Konzept für die Beziehung zwischen Innen und Außen, die Grundlage der Architektur.

Gradation:
Architecture as Forest melts together the notion of inside and outside, perceiving it as a gentle gradation. It constitutes a new proposition to the basis of architecture; the relationship of interior and exterior.

4
Übergang
Architektur als Wald kann als fließender Übergang verstanden werden, der Innen und Außen miteinander verschmelzen lässt.
Sie bildet ein neues Konzept für die Beziehung zwischen Innen und Außen, die Grundlage der Architektur.
Gradation
Architecture as Forest melts together the notion of inside and outside, perceiving it as a gentle gradation.
It constitutes a new proposition to the basis of architecture; the relationship of interior and exterior.

Eine Mauer zu errichten heißt, einen Raum in 0 und 1 zu teilen. Der Raum an sich muss jedoch über zahlreiche Abstufungen zwischen 0 und 1 verfügt haben.

To erect a wall is to bisect a space into 0 and 1. However, a space must have intrinsically rich gradations between 0 and 1.

Ein Pavillon, der für den Skulpturenpark in Köln gebaut wurde. Eine Architektur, die nur aus Wänden besteht.

Pavilion built for a sculpture park in Cologne. An architecture solely composed of walls.

Ist die äußerste Architektur eine Architektur ohne Dach?

Is ultimate architecture an architecture without any roof?

Cologne Garden Gallery
2011
Skulpturenpark Köln / Cologne

Natur ins Innere der Architektur, so dass das Äußere einer solchen Natur die Architektur ist.

Nature to the interior of the architecture, and the exterior of such nature is the architecture.

Der natürliche Wald wird zum eigenen Garten.

The natural forest becomes one's garden.

nden werden, der
nnen und Außen,
and outside,
e; the relationship of

Ist diese übergroße Superstruktur von Menschenhand gemacht? Oder ist sie eine neue Natur, eine Ruine aus der Zukunft?

Is this colossal superstructure man-made? Or a new nature, or a ruin from the future?

Könnte man sagen, dass eine ultimative Bibliothek in einem Wald verteilt wäre? Bäume spenden Schatten, so wie Glas einen Innenraum schwach umhüllt.

Can one say that an ultimate library is one scattered within a forest? Trees provide shade and glass faintly envelopes an interior space.

Ein einfacher Pavillon, der um einen einzigen Baum geformt wurde. Realisiert im Victoria & Albert Museum, London.

A simple pavilion which was shaped around a single tree. Realized at the Victoria & Albert Museum in London.

Es gibt einen Garten innerhalb des Hauses, auf diesem steht das Haus.

There is an exterior garden within the house, and on that garden the house sits.

Es ist ein Haus und gleichzeitig ein Garten. Ein Garten mit einem Dach. Eine nach außen verlagerte Architektur. Garten und Architektur überlagern sich.

It is a house and simultaneously a garden. A garden with a roof. It is an externalized architecture. Garden and architecture are superimposed.

Dies ist gewöhnliches Verpackungsmaterial. Dennoch ist das konkave und konvexe Volumen bewundernswert.

This is a conventional packing material for packaging goods. Yet this strange convexo-concave volume is awe-strikingly rich.

Vorne und Hinten, Innen und Außen, Natur und Künstlichkeit, kostbar vereint in einer Koexistenz.

Front and back, inside and outside, nature and artificiality, richly unified and in coexistence.

Innen und Außen sind nach Innen gerichtet.

Interior and exterior is introverted.

Einen Zwischenbereich zwischen Haus und Stadt erschaffen.

Creating an intermediate domain between a house and the city.

Den Raum zwischen Innen und Außen zur Architekur werden lassen.

Architecturalize the space between inside and outside.

Dualität ist nicht allein der Gegensatz zweier Pole, sie schließt einen unendlichen Bereich von Abstufungen ein, der dazwischen liegt.

—

Innen und Außen nicht voneinander abgrenzen, sondern sie graduell miteinander verbinden.

Duality is not solely the two polar opposites, but encases an infinite domain of gradation which lies between them.

—

Not delineating the inside and outside but by connecting them via a loose gradation.

Bei Architektur geht es nicht nur darum, einen Innenraum oder einen Außenraum zu entwerfen, sondern vielmehr um die Herstellung einer Beziehung zwischen beiden.

Architecture is not simply about making interior space, nor about exterior space, but to generate relationships between the two.

Diese Komplexität ist etwas
zwischen Natur und Künstlichkeit.
Ich strebe nach einer solchen
Architektur.

This complexity is something
between nature and artificiality.
I aspire towards such architecture.

Eine dreidimensionale Höhle, die aus einer einfachen von Menschenhand geschaffenenen Geometrie besteht. Innen und Außen sind miteinander verflochten, um einen einzigartig komplexen Lebensraum zu schaffen.

Three-dimensional cave created by simple man-made geometry. Interior and exterior intertwined to make a uniquely complex living space.

Arromanches Renovation Project
2013
Normandy, France /
Normandie, Frankreich

Ein Sanierungsprojekt eines Hauses in der Normandie. Das existierende Interieur des Hauses wurde als Garten betrachtet und das alte Haus verjüngt.

A house renovation project in Normandy, France. Treating the existing interior space as a garden and regenerating the old house.

Einrichtung, Architektur, Stadt, Landschaft:
Architektur als Wald umfasst verschiedene Maßstäbe und schafft komplexe und vielfältige Ökosysteme.

Furniture, Architecture, City, Landscape:
Architecture as Forest traverses many diverse scales, creating a complex and variegated ecosystem.

5
Einrichtung, Architektur, Stadt, Landschaft
Architektur als Wald umfasst verschiedene Maßstäbe und schafft komplexe und vielfältige Ökosysteme.
Furniture, Architecture, City, Landscape
Architecture as Forest traverses many diverse scales, creating a complex and variegated ecosystem.

Projekt für einen urbanen Platz im historischen Zentrum von Belgrad. Die Bewegung und die Intensität der Leute machen ihn zu einem besonderen Ort.

An urban square development in the historical center of Belgrade. The flow and intensity of the people creates a special place.

Von Mobiliar zur Architektur, von der Stadt zur Landschaft: diese Größenordnungen in einem Kontinuum einfangend. Verschiedene Maßstäbe sind miteinander verwoben.

Furniture to architecture, city to landscape, capturing such scales in a continuum. Various scales are interwoven.

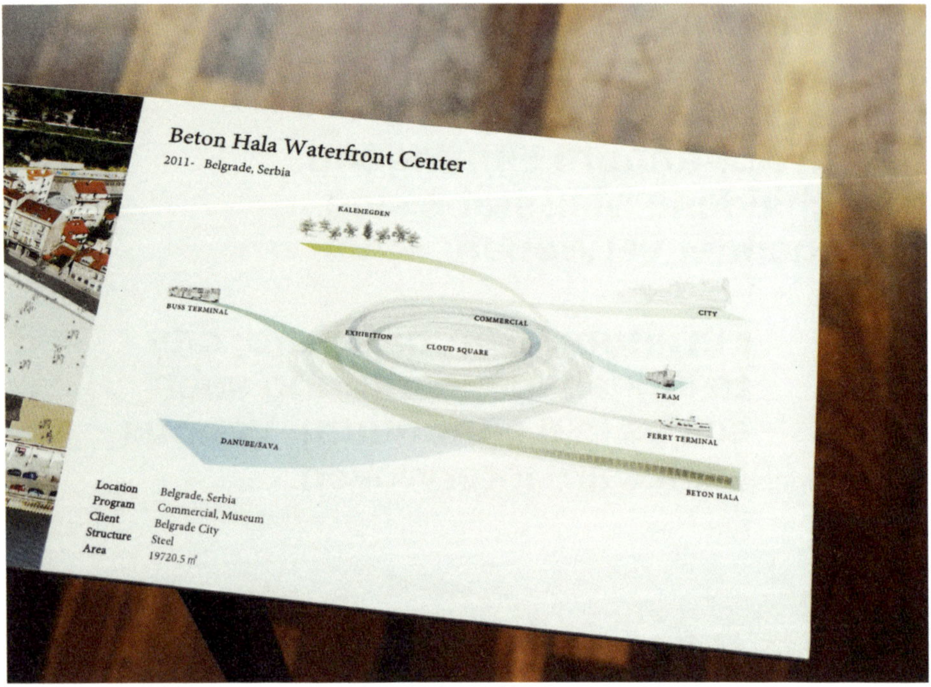
Beton Hala Waterfront Center
2011- Belgrade, Serbia
KALEMEGDEN
BUSS TERMINAL
CITY
COMMERCIAL
EXHIBITION
CLOUD SQUARE
TRAM
FERRY TERMINAL
DANUBE/SAVA
BETON HALA
Location Belgrade, Serbia
Program Commercial, Museum
Client Belgrade City
Structure Steel
Area 19720.5 ㎡

Beton Hala Waterfront Center
2011
Belgrade, Serbia /
Belgrad, Serbien

Sind Alleen Architekturen?
Wie ein Tierpfad in einem Wald.

Are alleys architecture? Like an
animal trail within a forest.

Können wir die sanfte
Bewegung des Windes in
Raum transformieren?

Can we directly translate
the subtle movement of the
wind into space?

Architektur steht niemals für sich allein, sie ist eher wie ein gewebter Übergang in ihre Umgebung.

Architecture is not stand-alone in space, rather like a transition woven out from the surrounding environment.

Architektur entsteht dort, wo die Bewegung intensiviert wird.

Architecture emerges where the flow is intensified.

Kein sauberer Kreis, aber eine konstante Bewegung: Ist das die neue Geometrie der Zukunft?

Not a clean circle but one in constant fluctuation, is this the new geometry of the future?

Urbanität ist in gewisser Weise die Bewegung der Menschen als auch der Ort, an dem sie sich aufhalten.

—

Das Gebäude eines Theaters ist nicht nur in seiner Funktionalität zu sehen, es geht auch darum, einen Ort zu entwerfen, der den Menschen viele Möglichkeiten gibt, sich zu versammeln.

Urbanity is, in a sense, the movement of people and where they stay.

—

Theatre is not about theatre functionality, but is about designing the diverse opportunities for people to gather.

Wenn die Bewegung der Menschen und der Materie dreidimensional würden, wäre das dann das Hochhaus der Zukunft?

If the flow of people and matter becomes three-dimensional, would it become the high-rise building of the future?

Ist es möglich, einen Pfad in Architektur zu verwandeln? Ein Pfad und Garten, ein Zusammenschluss von öffentlich und privat.

Is it possible to make a path into architecture? A path and garden, an integration of public and private.

Ein Vorschlag für einen dreidimensionalen urbanen Platz. Ein Ort, an dem Möbel, Architektur, Stadt und Landschaft in einem synchronen Verhältnis zueinander stehen.

A proposal for a three-dimensional urban square. A place where furniture, architecture, city and landscape are synchronously in relation to one another.

Einen Raum weben. Die Aktivitäten der Menschen werden dabei mit eingewoben.

To weave the space. The activity of people is weaved in.

Fließen und Ruhen—diese Gegensätze sind dazu geschaffen, um zu koexistieren.

To flow and to stay, the polar opposites are made to coexist.

Sich überlagernde Flächen sind nichts anderes als eine Aufschichtung von Ebenen und müssen zu einer Topographie werden.

Superposing multiple planes are only a stratification of planes, but they must become a topography of some kind.

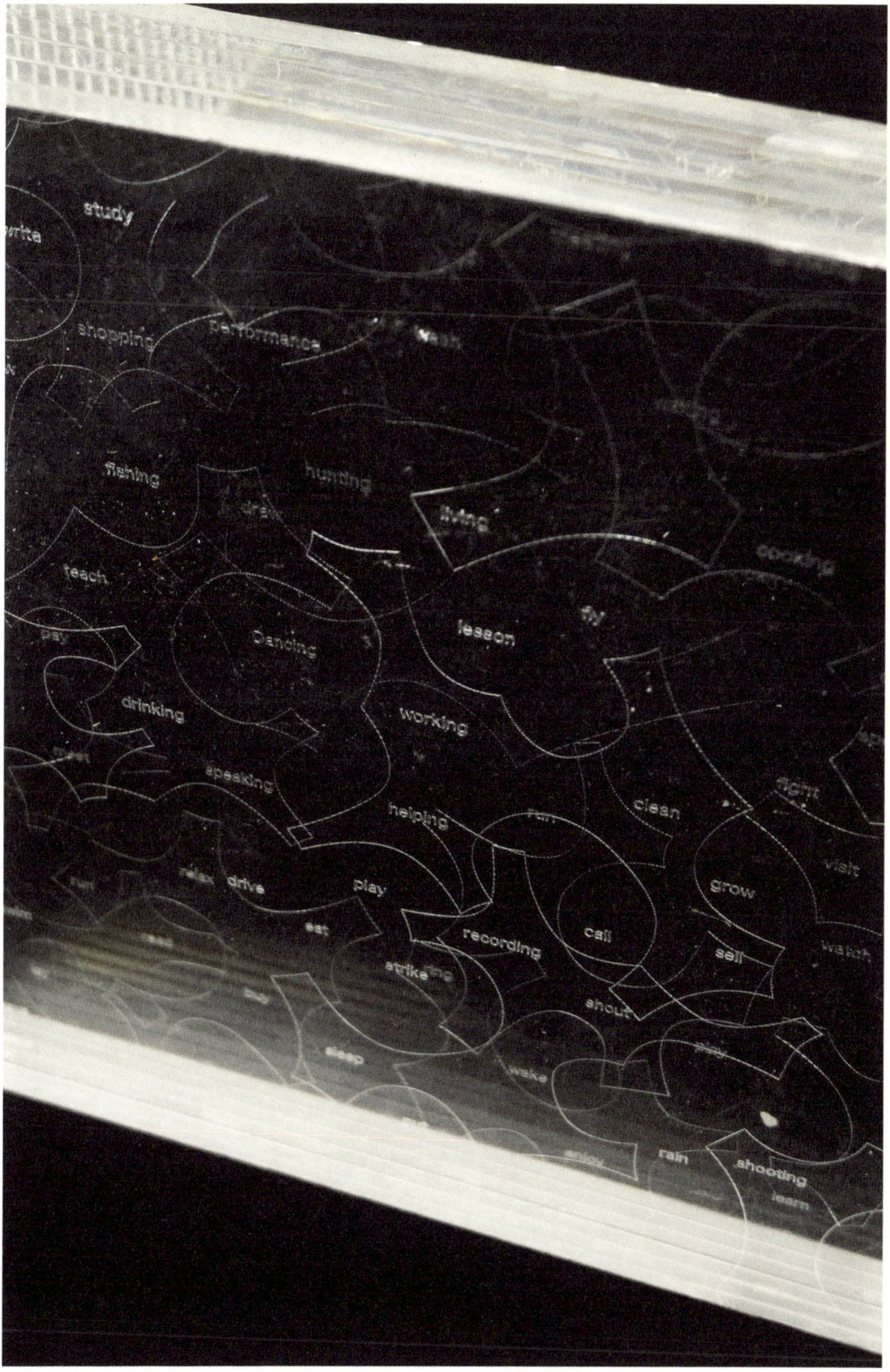
study
shopping
performance
fishing
hunting
living
cooking
teach
Dancing
lesson
fly
pay
drinking
working
speaking
helping
clean
fight
relax
drive
play
grow
visit
eat
recording
call
sell
strike
shout
sleep
wake
rain
shooting

Architektur ist ein fragiler Weg, Glück zu erschaffen.

Architecture is a delicate way of creating serendipity.

Ein Wald ist dort, wo ein Teil und das Ganze gemeinsam im Raum existieren.

A forest is where part and whole are coexisting in space.

Der dreidimensionale Wald: Architektur als Wald ist die Natur der Zukunft, die Architektur der Zukunft. Angefangen mit dem dreidimensionalen Wald ermöglicht sie eine neue natürliche / künstliche Umwelt.

Three-dimensional Forest: Architecture as Forest is both, the future of nature, and the future of architecture. Commencing with the three-dimensional forest, a new form of nature / man-made environment is made possible.

6
Der dreidimensionale Wald
Architektur als Wald ist die Natur der Zukun
Angefangen mit dem dreidimensionalen Wal
natürliche/künstliche Umwelt.
Three-dimensional Forest
Architecture as Forest is both, the future of na
architecture.
Commencing with the three-dimensional fore
man-made environment is made possible.

Einer komplexen Relativität, wie einer Hirnsynapse, eine Form geben, ein konzeptueller Baum, eine Visualisierung des Waldes.

Giving form to complex relativity like a Synapse of a brain, a conceptual tree, a visualization of a Forest.

Kann ein dreidimensionales Netzwerk die neue Geometrie der Einfachheit und Komplexität werden? Ist das Internet eine formlose Form?

Can a three-dimensional network become the new geometry of simplicity and complexity? Is internet a formless form?

Architektur, die einen Baum umschließt; ein architektonischer Garten, oder vielleicht ein künstlicher Baum.

Architecture enveloping a tree; an architectural garden, or perhaps an artificial tree.

Ist das eine Gruppe von
Gebäuden oder eine Gruppe
von Möbelstücken?

Is this a group of buildings
or a group of furniture?

Die Bewegung bestimmen,
miteinander verweben,
Kreuzung und das Versammeln
von Menschen.

To design the flow, weave,
intersection, and the gathering
of people.

Viele kleine Dinge sammeln sich und bilden zusammen eine lose Ordnung. Wie die Anfänge von Tokyo.

Many small matters are gathered and together formulate a loose order. Analogous to the origins of Tokyo.

Können wir die Zukunft unserer Städte als eine dreidimensionale Landschaft sehen? Ein Ort, an dem Kontinuität und Diskontinuität gemeinsam existieren.

Can we see the future of our cities as a three-dimensional landscape? A place where continuity and discontinuity coexist.

Hin und wieder mag das Modell eines einzigen Blattes für uns auf die Zukunft der Architektur verweisen. Eine Veränderung des Maßstabs und eine Veränderung der Struktur.

At times, perhaps a model of a single leaf may imply the future of architecture to us. A change in scale, and a change in structure.

Die Architektur und die Stadt sind keine verschiedenen Dinge, sondern unterschiedliche Manifestationen einer einzigen Sache.

Architecture and the city are not separate things, but are different manifestations of a single thing.

Ein Haus bezieht sich nicht allein auf ein einzelnes Objekt. Wenn Innen und Außen, Architektur und Natur gleichmäßig vermischt werden, entsteht ein künstlicher Lebensraum.

A House does not solely refer to a singular object. Where the interior and exterior, architecture and nature, are all equally mixed; a synthetical place for living.

House Before House
2010
Tochigi, Japan

Ein Projekt für das Design eines Hotels in Tokyo. Viele Wohnbereiche sind zusammengefügt, ein lockerer, sich dazwischen befindender Gemeinschaftsbereich wurde geschaffen. Wie ein angenehmer, wolkenartiger Raum innerhalb einer Stadt.

A project to design a hotel in Tokyo. Many living quarters are gathered together, loose intermediate common area is born. Like a gentle cloud-like space within a city.

Ist ein Wolkenkratzer nicht eher
ein volumetrisches Gebiet und ein
Garten als ein Gebäude?

Skyscraper is not the building
as an object, but rather a volumetric
terrain and garden?

Dies ist in gewisser Weise eine künstliche Höhle.

This is, in a sense, an artificial cave.

Die Architektur der Zukunft muss Natur und Künstlichkeit auf eine neue Art miteinander verflechten. Vorschlag für einen dreidimensionalen, künstlichen Wald.

The architecture of the future must integrate nature and artificiality in a new manner. Proposal for a three-dimensional, artificial forest.

Ist ein Wolkenkratzer in Form eines Baumes eine Erweiterung der Natur, oder ist es etwas Künstliches, das einen Schritt in Richtung Natur geht?

Is a skyscraper in a shape of a tree an extension of nature, or is it artificiality stepping closer towards nature?

6
Architektur der Zukunft.
sie eine neue
nature, and the future of
architecture.
Commencing with
a new form of nature /
man-made

Können sich Architektur und Natur miteinander vermischen?

Can architecture and nature blend together?

7
Architektur
Ausgehend vom
auf die
The forest as the

**Architektur als Wald:
Ausgehend vom realen Wald wirft
die Architektur als Wald ein Licht
auf die Architektur der Zukunft.**

**Architecture as Forest:
The forest as the origin shines a
light on the future of architecture.**

Dieses Modell aus transparentem Material lässt Innen und Außen miteinander verschwimmen und erzeugt eine neue Art von Raum.

This model made out of transparent material blends together the interiority and exteriority and brings out the new mode of space.

Ein kleines Stück Architektur aus gestapelten 35 × 35 cm großen Holzscheiten. Ein von Menschenhand gemachter Versuch, die Natur nachzubilden?

Small piece of architecture made from stacking 35 × 35 cm lumber. A man-made attempt to recreate nature?

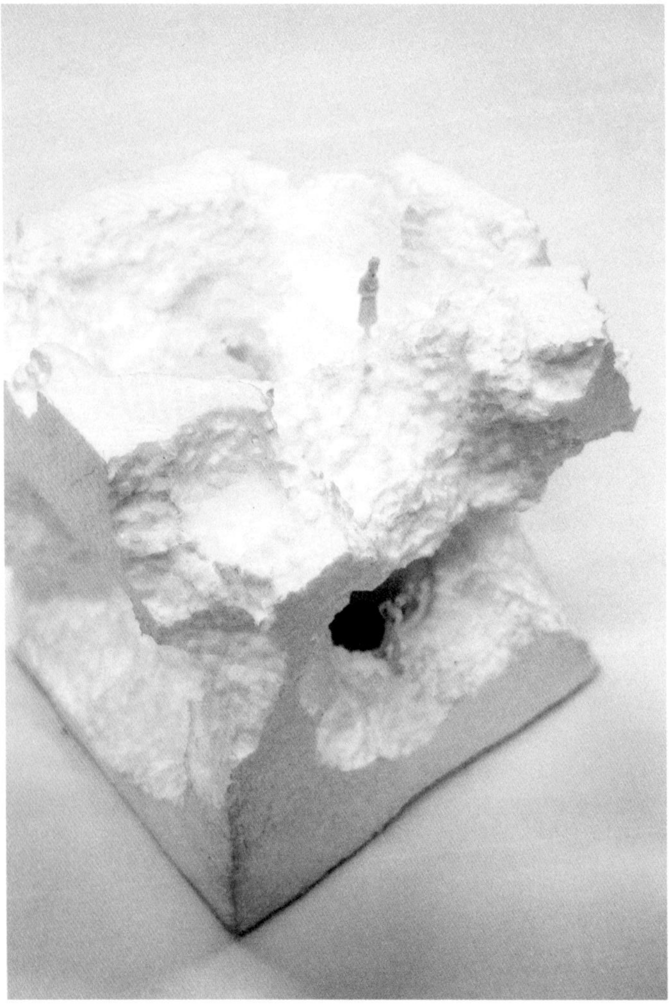

Eine Form, die durch Graben mit der Hand geschaffen wurde, überwindet den Anschein von Künstlichkeit und bringt einen mannigfaltigen Reichtum hervor.

Form made by directly digging with one's hand surpasses the notion of artificiality, and speaks of a diverse richness.

Ein vorläufiger Vorschlag für ein Hausrenovierungsprojekt in Hannover. Sich durchdringende Türme aus Glas lassen das Licht hinein, erzeugen einen neuen Luftstrom und erschaffen einen waldähnlichen Ort im Innern.

A preliminary proposal for a house renovation project in Hanover. Penetrating series of glass towers to take in light, create new flow of wind, creating a forest-like place inside.

Natur, die sich in Architektur einnistet. Wird Architektur zur nächsten Erde werden?

Nature nests into architecture, will architecture become the next earth?

Vielfältigkeit, Komplexität, Tokyo, Wald, Ökosystem, Zufälle … Ist es möglich, solchen Dingen, die etwas zwischen Natur und Künstlichkeit sind, eine Form zu geben?

Diversity, Complexity, Tokyo, Forest, Ecosystem, Serendipity … Is it possible to architecturalize such matter between nature and artificiality?

Architektur al
Ausgehend vom
auf die Architekt
Architectur
The forest as the or

Noten ohne Linien zeichnen. Noten entstanden wie durch ein unbeschreiblich komplexes System, losgelöst von der menschengemachten Ordnung. Der Strom der Zeit existiert hier nicht mehr.

Draw the notes without staves. Notes emerged as though by an inexplicably complex system liberated from the anthropogenic order. Here, the undercurrent of time ceases to exist.

E-Mail-Korrespondenz
mit den Bewohner von House Na und House N

Hausherr / House NA

Wie wohnt es sich in Ihrem neuen Haus? Sind Sie zufrieden? Was gefällt Ihnen an Ihrem Haus am besten?

Das lässt sich in einem Satz kaum beschreiben, aber wenn ich es auf den Punkt bringen müsste, würde ich sagen: «Es macht Spaß, hier zu wohnen». Man kann sich in vielen Räumen aufhalten, und je nachdem, in welchem Raum man sich befindet, entstehen neue Beziehungen oder Distanzen zu meiner Frau oder zu Gästen. Diesen interessanten Aspekt kann man in anderen Häusern kaum finden.

Was motivierte Sie, kein fertig geplantes Haus zu bauen, wie es in Japan üblich ist, sondern einen Architekten mit der Planung zu beauftragen?

Zuerst wollte ich ein Apartment kaufen und habe mich auf die Suche gemacht. Aber keine der Wohnungen, die ich mir angeschaut habe, hat mir gefallen. Wahrscheinlich weil sich meine Anforderungen an ein Haus von dem unterscheiden, was die Bauunternehmer als gemeinsame Lösung für viele Menschen anbieten. Ich habe mich auch ein wenig über die Häuser der Hausbaufirmen informiert, aber ich hatte den Eindruck, dass auch die Hausbaufirmen nicht anders waren als die Wohnungsbaufirmen, und ich sah von Anfang an kaum Möglichkeiten, diese Richtung weiter zu verfolgen.

Woher kannten Sie den Architekten Sou Fujimoto? Wie haben Sie ihn kennengelernt?

Aus einer Zeitschrift. Als ich nach einem Architekten für mein Haus suchte, wurde viel über Herrn Fujimotos «T-house» diskutiert. Ich habe mich für mehrere Architekten interessiert, aber unter diesen Architekten war nur Herr Fujimoto jünger als ich, und er war unter anderen Paradigmen aufgewachsen als ich, deshalb war ich neugierig und nahm Kontakt zu ihm auf.

In was für einem Haus haben sie vorher gewohnt und wie haben Sie dort gelebt?

Ich habe in einer alten Firmenwohnung gewohnt, im Erdgeschoss eines nach Osten gerichteten Gebäudes, mit einem Fahrradabstellplatz direkt davor. Weil viele Bewohner daran vorbeigingen, hatte ich die Vorhänge geschlossen und die Zimmer waren sehr dunkel. Außer zum Schlafen vermied ich es, zu Hause zu sein. In meinem jetzigen Haus, das in einer ähnlichen Umgebung steht, lasse ich die Vorhänge möglichst offen, obwohl ich die Leute satt habe, die ihren Kopf hereinstrecken, und ich verbringe jetzt viel Zeit zu Hause.

Haben Sie irgendwelche besonderen Erfahrungen mit Gebäuden gemacht, die Ihre Vorstellung von Architektur geprägt oder verändert haben?

Ich bin 20 Jahre nach Ende des 2. Weltkrieges geboren und meine Kindheit fiel in die Phase des starken Wirtschaftswachstums. Ich bin also in einer Zeit aufgewachsen, als man in Japan das Moderne, das von außen kam, nicht gut integrieren konnte und man das Traditionelle, das man als Gegensatz dazu (bzw. als schlecht) empfand, zerstörte. Die Erfahrungen meiner Kindheit stammen aus dem Elternhaus meines Vaters und dem dazugehörenden Garten. Es war das alte Haus des Dorfvorstehers, mit Balken, die man kaum umfassen konnte. An der Veranda waren Regentüren aus Holz und Schiebetüren aus Holz und Glas angebracht. Eines Tages, als ich sechs oder sieben Jahre alt war und wieder in das Elternhaus meines Vaters kam, war die Veranda mit Aluminiumfenstern renoviert worden. Auch die namakokabe, die mit quadratischen Ziegeln bedeckten Wände, waren mit heller Farbe überstrichen und der doma, der Raum mit gestampfter Erde, war zum Gästezimmer geworden. Ich fand nicht, dass das schöner war. Zur gleichen Zeit wurde auch der Garten, den Mirei Shigemori angelegt haben soll, von einem anderen Gartenarchitekten hell umgestaltet. Die Lehmmauer und der geflochtene Bambuszaun wurden durch Blocksteine ersetzt. So etwas geschah damals häufig in Japan, was ich sehr bedauerte.

Als ich auf die Mittelschule ging, erinnere ich mich, dass ich im Buchladen ein Foto der Sagrada Familia sah und ich fasziniert war von diesem Gebäude mit seiner Präsenz, die wie ein Ausdruck von Leidenschaft wirkte. Vielleicht interessierte ich mich dafür, weil damals im Fernsehen ein Werbefilm mit Bauwerken von Gaudí lief. Damals lernte ich die großartige Präsenz der Architektur kennen.

Als ich in die Oberschule ging, sah ich ebenfalls im Buchladen einen Fotoband über «Gunkanjima», die sogenannte «Kriegsschiff-Insel» Hashima. Als Student hatte ich Gelegenheit, dorthin zu gehen. Das «Kriegsschiff», das Technik und Geist der Moderne sowie das Chaos in der Gesellschaft unbeabsichtigt geschaffen hatten, war voller Spuren, die auf das Leben der armen Bergwerksarbeiter hinwiesen, aber die miteinander verbundenen Dächer bildeten eine Art Hügellandschaft, überstrahlt von einem blauen Himmel, der von allem Leid zu erlösen schien.

Als Erwachsener war auch die Kathedrale der Heiligen Maria in Tokyo, in der meine Firma eine Trauerfeier abhielt, ein einschneidendes Erlebnis. Ich war beeindruckt von der großartigen Architektur, in der Struktur und Raum in riesigen Dimensionen miteinander verschmelzen.

Ich hatte den Eindruck, dass sich die Japaner in diesem Bauwerk das von außen kommende Moderne geschickt zu eigen gemacht hatten. Später besuchte ich die Kaiserliche Villa Katsura mit ihren feinen Linien und geometrischen Strukturen. Mir schien, als ob diese Schönheit im Inneren der Japaner ruht, geformt von einem modernen Geist, den man selbst nicht kultivieren kann. Obwohl Herr Fujimoto Anregungen von außen erhält, glaube ich, dass er von innen heraus etwas Universelles hervorbringen will. Was speziell Wohnhäuser angeht, so habe ich verschiedene Häuser in Zeitschriften gesehen, wie z.B. das «Pionierhaus» von

Osamu Ishiyama. Ich glaube, Häuser entstehen, indem man eine Linie zwischen der äußeren Umgebung und dem Inneren zieht. Nach dem Motto: «Alles ist erlaubt».

Hatten Sie eine konkrete Vorstellung von Ihrem neuen Haus, bevor Sie beschlossen, Herrn Fujimoto mit der Planung zu beauftragen? Gab es ein Vorbild, von dem Sie dachten, in solch einem Haus möchte ich wohnen?

Wenn ich das Geld dafür hätte, würde ich am liebsten in einem klassischen einstöckigen japanischen Haus wohnen, aber meine finanziellen Möglichkeiten ließen das nicht zu. Auch von den äußeren Umständen her, wie den Handwerkern und dem Material, ist das schwierig. Mein neues Haus stellte ich mir nicht wie irgendein bestimmtes Haus vor. Nachdem ich mich für das Grundstück entschieden hatte, habe ich selbst verschiedene Pläne gezeichnet, aber ohne Erfolg. Herrn Fujimotos Vorschlag war dann völlig anders als das, was ich gezeichnet hatte.

Hatten Sie besondere Wünsche an Herrn Fujimoto?

Ich weiß nicht mehr, ob es vor oder nach dem ersten Entwurf war, aber ich wollte z.B. ein Haus, das leicht wirkt und das den Wandel der Zeit erkennen lässt. Und auch, dass ich von der Stadt profitieren will. Zwar wird es wohl auch aus finanzieller Sicht meine Wohnung bis zum Lebensende sein, aber so schwerwiegende Gedanken wollte ich mir über meine Wohnung nicht machen. Aber vielleicht war schon die Grundvoraussetzung «besonders», der Wunsch nach einem Haus für meine Frau und mich auf einem kleinen Grundstück im Stadtgebiet.

Inwieweit ist Herr Fujimoto auf Ihre Wünsche eingegangen?

Ich glaube, ich habe verschiedene Wünsche geäußert, die sich nicht vereinigen ließen. Man könnte sowohl sagen, dass er meinen Wünschen völlig entsprochen hat, als auch, dass er ihnen kaum entsprochen hat. Ich glaube, Herr Fujimoto hat auf meine Wünsche in einer anderen Sprache geantwortet. Meine Wünsche reichten von völlig abstrakten bis zu sehr konkreten Wünschen, wie z.B. die Qualität des Holzes. Aber sie entstanden aus meinem gesunden Menschenverstand heraus. Ich habe den Eindruck, dass Herrn Fujimotos Vorschläge diesen gesunden Menschenverstand von außen erwiderten, und das hat meine Erwartungen übertroffen.

Wie zweckmäßig ist Ihr neues Haus im Alltag? Gibt es auch Probleme?

Was die Zweckmäßigkeit angeht, so konnte ich keine Probleme feststellen. In diesem Haus hält sich die Funktion im Hintergrund oder scheint flexibel integriert zu sein. Ich habe noch nicht genau darüber nachgedacht, was die Funktion eines Hauses ausmacht.

Wie haben Ihre Nachbarn reagiert? Wurden Sie gleich akzeptiert? Glauben Sie, dass Ihre Nachbarn auch in so einem Haus wohnen möchten?

Ich weiß nicht, ob sie in so einem Haus wohnen möchten. Hier in der Nachbarschaft wohnen viele Leute, die einen Bezug zur Architektur haben, wie z.B. Bauunternehmer, und die sich offensichtlich dafür interessierten und den Bauprozess verfolgt haben. Ich wurde oft auf das Haus angesprochen und man sagte mir, mein Haus sei die Sehenswürdigkeit dieser Gegend.

Sie wohnen jetzt in einem Haus, das unter Architekten und Architekturstudenten berühmt ist. Wahrscheinlich gibt es viele Leute, die Ihr Haus besichtigen oder fotografieren möchten. Wie reagieren Sie darauf?

Nicht nur Leute, die sich mit Architektur beschäftigen oder Architektur studieren, sondern auch viele andere machen Fotos. Außer auf Empfehlung von Fujimotos Büro kommen jedoch nur wenige, die das Innere sehen möchten, und es macht mir nichts aus, wenn sie von außen fotografieren. Neulich war davon die Rede, dass Toyo Ito im Rahmen eines Programms, das Kindern die Architektur näherbringt, mit etwa 40 Kindern kommt. Ich halte das für ein sehr gutes Programm, deshalb sind sie herzlich willkommen.

Eine Frage zum Schluss. Jetzt, wo Sie in einem außergewöhnlichen Haus eines außergewöhnlichen Architekten wohnen, welchen Rat geben Sie Freunden, die ein freistehendes Haus bauen möchten?

Egal was für eine Art von Architektur es ist, ein Haus zu bauen kostet am Ende immer Geld. Wenn ich durch die Straßen gehe und ein außergewöhnliches Gebäude oder Haus sehe, frage ich mich «Was für ein Mensch ist wohl der Auftraggeber?» oder «Zu welchem Zweck hat man das wohl gebaut?» Auch ich bin «mutig» geworden, aber ich würde gerne sagen: «Überraschungen sind in Ordnung». Wer sich dafür interessiert, sollte es versuchen. Im Bauprozess kann man, sozusagen als «Zugabe», vom Architekten und seinen Mitarbeitern eine Menge lernen. Die Gegend, in der ich wohne, ist wenig geordnet und dicht besiedelt, und die uneinheitlichen Gebäude wurden an der Grenze dessen, was gesetzlich erlaubt ist, nach Lust und Laune gebaut (wenn auch nicht immer). Ich möchte, dass die Leute, die in dieser Gegend wohnen, Mut haben und dieses fröhliche Chaos unterstützen.

Hausherrin / House NA

Wie wohnt es sich in Ihrem neuen Haus? Sind Sie zufrieden? Was gefällt Ihnen an Ihrem Haus am besten?

In diesem Haus zu wohnen ist einfach großartig. Und es ist sehr bequem. Ich bin sehr zufrieden. Im Haus gibt es keine langen Treppen. Man gelangt über Niveauunterschiede von einem Stock in den nächsten. Wenn man ein wenig nach oben steigt, kann man z.B. durchs Fenster nach draußen sehen, dann geht man weiter hoch und kann sich hinsetzen. Ich finde das sehr schön. Auch die hellen und warmen Räume gefallen mir. Im Winter wärmen bei gutem Wetter die Sonnenstrahlen, und wenn man im Sommer die Fenster öffnet, hat man den Eindruck, den Tag im Schatten der Bäume zu verbringen. Es gibt auch Tage, an denen das Wetter schlecht ist, aber dann freue ich mich darauf, dass es wieder gut wird. Im Schlafzimmer habe ich das Gefühl, tatsächlich auf einem Baum zu schlafen. Es schwankt nicht wie auf einem wirklichen Baum, aber wenn ich mich hinlege und mir den Raum unter dem Fußboden vorstelle, kann ich gut einschlafen. Vielleicht, weil ich hochliegende Orte mag.

Was motivierte Sie, kein fertig geplantes Haus zu bauen, wie es in Japan üblich ist, sondern einen Architekten mit der Planung zu beauftragen?

Bevor wir dieses Haus gebaut haben, sind wir zu vielen Wohnungs- und Hausbaufirmen gegangen und haben uns Modellhäuser angesehen. Aber keines passte perfekt zu uns. Der Grund dafür war, dass damals die meisten Pläne der Wohnungs- und Hausbaufirmen auf ein Ehepaar mit Kindern zugeschnitten waren, üblicherweise mit mehreren kleinen, abgetrennten Räumen. Für unsere Zwecke erschien uns das ungeeignet. Ein weiterer Grund war, dass wir damals über nicht besonders viel Kapital verfügten. Wir dachten, um das wenige Kapital gut zu nutzen, brauchen wir einen etwas ungewöhnlichen Plan speziell für uns, sonst reicht das Geld nicht.

Woher kannten Sie den Architekten Sou Fujimoto? Wie haben Sie ihn kennengelernt?

Ich kannte Herrn Fujimoto von einem Artikel über das T-House, den ich zufällig in einer ganz normalen Zeitschrift gesehen hatte. In einer anderen Zeitschrift habe ich etwas über den Vertreter der «schwachen Architektur» gelesen, der beim Wettbewerb für das Kunstmuseum von Aomori Zweiter wurde, aber es hat eine Weile gedauert, bis ich herausfand, dass es sich um ein und dieselbe Person handelte. Wir haben Herrn Fujimoto über ein Bauunternehmen kennengelernt, das von Architekten geplante Häuser baut.

In was für einem Haus haben sie vorher gewohnt und wie haben Sie dort gelebt?

Als Kind habe ich im 1. Stock eines Holzhauses gewohnt, das ein Zimmermann gebaut hat. Das Haus wurde 1970 errichtet, in einer Mischung aus westlichem und japanischem Stil, es gab Tatami-Matten und Schiebetüren, aber auch Zimmer mit Fußboden. Es war in verschiedene einzelne Zimmer aufgeteilt, wie das traditionelle Empfangszimmer, ein Zimmer für die Eltern, Kinderzimmer und Gästezimmer. Diese Aufteilung schien sowohl für mich als auch für meine Familie eher ungünstig zu sein, wir verrückten oft Möbel oder den Fernseher oder änderten das Esszimmer oder das Schlafzimmer. Als ich heiratete, zog meine Familie in ein anderes Haus um. Bevor wir in dieses Haus zogen, wohnten wir in einer Wohnung der Firma meines Mannes. Es war ein Haus aus Stahlbeton im sogenannten Siedlungsstil. Das Haus lag weit entfernt von meiner Arbeitsstelle und ich verbrachte dort wenig Zeit, auch deshalb verwendete ich wenig Energie aufs Wohnen. Unser Leben sah so aus, dass wir dort nur einfache Mahlzeiten aßen, ein Bad nahmen und schliefen.

Haben Sie irgendwelche besonderen Erfahrungen mit Gebäuden gemacht, die Ihre Vorstellung von Architektur geprägt oder verändert haben?

Ich sah im Fernsehen einen Film über die Arbeit von Kenzo Tange und erfuhr, dass die Arbeit eines Architekten viele verschiedene Dinge wie öffentliche Einrichtungen, Wohnhäuser oder Stadtplanung umfasst. In diesem Film wurden Bilder vom Bau der Staatlichen Sporthalle Yoyogi gezeigt, und ich erinnere mich, dass ich meinem Mann zugestimmt habe, als er einmal irgendwo eine Brücke gesehen hat und meinte: «Was technisch korrekt ist, ist schön». In einem altehrwürdigen Hotel, in dem wir auf einer Reise in Hanoi übernachteten, war ich beeindruckt von der hohen Qualität, dem gut gepflegten Zustand, der Sauberkeit und der intimen Gemütlichkeit, die ich zum ersten Mal erlebte. Ich möchte unbedingt wieder einmal dorthin. Als ich das «Turmhaus» von Takamitsu Azuma sah, konnte ich mir das Volumen dieses kleinen Hauses gut vorstellen. Später sah ich ein Foto vom Inneren des Gebäudes und versuchte, mir den Innenraum vorzustellen, was mir aber nicht gelang.

Hatten Sie eine konkrete Vorstellung von Ihrem neuen Haus, bevor Sie beschlossen, Herrn Fujimoto mit der Planung zu beauftragen? Gab es ein Vorbild, von dem Sie dachten, in solch einem Haus möchte ich wohnen?

Eine konkrete Vorstellung hatte ich eigentlich nicht. Da ich überall schlafen kann, dachte ich sorglos, auch überall wohnen zu können. In einem traditionellen japanischen Haus hätte ich wirklich gerne gewohnt. Ich mochte das Haus meiner Großeltern, mit Tatami-Matten, Veranda und Schiebetüren. Vor allem gefiel mir, dass man von verschiedenen Stellen heraus- und hineingehen konnte. In Japan ist es auf dem Land ungewöhnlich, wenn gute Bekannte zum Hauseingang hereinkommen, die meisten kommen über die Veranda oder den Hintereingang und rufen von dort. Das Haus, in dem ich wohnte, konnte man leider nur durch den Hauseingang betreten. Ein traditionelles Haus in der Innenstadt zu bauen wäre Unsinn, diese Idee habe ich aufgegeben, aber ich dachte, es wäre schön, wenn man Teile davon geschickt integrieren könnte.

Hatten Sie besondere Wünsche an Herrn Fujimoto?

Dass wir ziemlich lange darin wohnen können.
Dass es sich außer in der ganz heißen Zeit auch ohne Klimaanlage angenehm leben lässt.
Dass man fünf oder sechs Freunde gleichzeitig einladen kann.
Dass die Wäsche draußen trocknen kann.
Dass es genügend Stauraum gibt.
Dass eine Garage und ein Gästezimmer gebaut werden.
Dass es nicht stark hallt.
Dass die Kosten für den Bau möglichst niedrig sind.
Und so weiter. Vielleicht war das nichts Besonderes.

Inwieweit ist Herr Fujimoto auf Ihre Wünsche eingegangen?

Im Laufe der Zeit hat er sich verschiedene Dinge überlegt. Er hatte viele Ideen, wie die Position der Fenster, die Baumaterialien, die Anordnung der Zimmer, und auch detaillierte weitere Vorstellungen. Darunter waren auch Ideen von uns, die er übernommen hat.

Wie zweckmäßig ist Ihr neues Haus im Alltag? Gibt es auch Probleme?

Das Haus ist klein, aber ich hatte noch nie das Gefühl, dass es eng ist. Natürlich habe ich auch nicht den Eindruck, dass es zu groß ist. Ich finde, durch die Anordnung der Fußböden und Decken bietet es genau den richtigen Raum zum Wohnen. Auch weil man überall die Fenster aufmachen und frische Luft hereinlassen kann und es im Haus nicht zu feucht wird, kann man hier angenehm leben. Selbst wenn man etwas weiter weg ist, hört man einen Ruf sofort, und man kann von außen an das Glas klopfen, um jemandem im Inneren ein Zeichen zu geben. Durch die Lücken zwischen den Fußböden kann man zerknüllte Papiertaschentücher in den Mülleimer im Stockwerk darunter werfen. Manche unserer Freunde waren bei ihrem ersten Besuch verwirrt, weil sie nicht wussten, wo sie sich hinsetzen sollten. Auch wenn wir sagten «setzt euch wo ihr wollt», schienen sich einige nicht ganz entspannen zu können. Je zurückhaltender jemand war, desto verlegener war er wohl. Leute, die nicht so viel Wert auf gute Manieren legen, scheinen sich schneller zu entspannen. Ein Problem ist die Wärmedämmung. Anstrich und Schutzfilm mildern das Problem erheblich ab, wenn aber in Zukunft eine effektivere Technik entwickelt würde, ließe es sich hier noch angenehmer wohnen. Aber im jetzigen Zustand lebt es sich nicht schlecht. Doch wenn ich einen Wunsch hätte, dann wäre es das.

Wie haben Ihre Nachbarn reagiert? Wurden Sie gleich akzeptiert? Glauben Sie, dass Ihre Nachbarn auch in so einem Haus wohnen möchten?

Von den Nachbarn wurden wir freundlich aufgenommen. Viele Leute waren überrascht oder lächelten, als sie zum ersten Mal an diesem Haus vorbeigingen. Ich weiß nicht, ob andere gerne in diesem Haus leben würden oder nicht. Da es auf unsere Bedürfnisse zugeschnitten ist, könnte es für andere ungeeignet sein.

Sie wohnen jetzt in einem Haus, das unter Architekten und Architekturstudenten berühmt ist. Wahrscheinlich gibt es viele Leute, die Ihr Haus besichtigen oder fotografieren möchten. Wie reagieren Sie darauf?

Im Rahmen unserer Möglichkeiten lassen wir es zu. Allerdings ist der Bereich, der uns gehört, sehr klein und es ist mir unangenehm, wenn die Leute stören, indem sie z.B. ohne zu überlegen das Grundstück der Nachbarn betreten. Wenn sie sich an die Regeln halten, ist es für mich kein Problem. Ich freue mich, wenn sich viele Leute das Haus ansehen, und es wäre schön, wenn es besonders auf junge Leute einen positiven Einfluss hätte.

Eine Frage zum Schluss. Jetzt, wo Sie in einem außergewöhnlichen Haus eines außergewöhnlichen Architekten wohnen, welchen Rat geben Sie Freunden, die ein freistehendes Haus bauen möchten?

Herr Fujimoto war es nie leid, dass wir uns seit der ersten Planungsphase beteiligten. Seit der Planung, während der Bauarbeiten und bis das Haus fertig war und wir wirklich darin wohnen konnten, habe ich eine Menge gelernt und ich habe es sehr genossen. Das war eine wertvolle Erfahrung. Weitere erfreuliche Dinge kamen hinzu, wie an einer Ausstellung wie dieser beteiligt zu sein. Ich wünsche allen, die sich für Architektur interessieren und ein Haus bauen möchten, dass sie solche Erfahrungen machen wie wir. Allerdings braucht man Zeit, Kraft und Durchhaltevermögen. Bis dieses Haus fertig war, haben viele Mitarbeiter des Büros und der Baufirma, die einiges jünger sind als wir, viel Einsatz gezeigt. Ich möchte denjenigen, die alles in ihrer Kraft Stehende getan haben, um dieses ungewöhnliche Haus zu realisieren, meine Anerkennung und meinen Dank aussprechen. Ich würde mich freuen, wenn dieses Haus in irgendeiner Form zu ihrer Karriere beitragen würde.
Wenn ein Freund von mir ein Haus bauen wollte und er viel Geld hätte, würde ich ihm raten, einen berühmten Architekten mit der Planung zu beauftragen. Wenn er nicht so viel Geld hätte, würde ich ihm auf jeden Fall raten, die Planung einem jungen Architekten anzuvertrauen. Denn ich weiß, wie schwierig es für junge Architekten ist, Kontakt zu Auftraggebern zu bekommen. Es macht Spaß, zu sehen, was dabei herauskommt.

Bauherr / House N

Wie wohnt es sich in Ihrem neuen Haus? Sind Sie zufrieden? Was gefällt Ihnen an Ihrem Haus am besten?

Ich bin sehr zufrieden. Im Juni sind es vier Jahre, aber je länger ich darin wohne, desto wohler fühle ich mich und desto mehr bin ich von diesem Haus fasziniert. Jetzt, wo die neuen Blätter sprießen, ist es auf der Veranda am schönsten, wenn sich das Licht auf das Grün der Bäume im Innenhof ergießt und die Blätter im Sommerwind rauschen. Am meisten gefällt mir der Wechsel des Lichts von Sonnenaufgang bis Sonnenuntergang.

Was motivierte Sie, kein fertig geplantes Haus zu bauen, wie es in Japan üblich ist, sondern einen Architekten mit der Planung zu beauftragen?

Das Haus, in dem ich vorher gewohnt habe, war ein zweckmäßiges Fertighaus, und als ich neu baute, wollte ich ein Haus, das anders war.

Woher kannten Sie den Architekten Sou Fujimoto? Wie haben Sie ihn kennengelernt?

Meine Tochter arbeitete im Planungsbüro von Herrn Fujimoto.

In was für einem Haus haben sie vorher gewohnt und wie haben Sie dort gelebt?

In einem zweistöckigen Fertighaus (der Firma Sekisui house), das 1975 gebaut wurde, mit Tatami-Matten außer in der Essküche und den Kinderzimmern.

Haben Sie irgendwelche besonderen Erfahrungen mit Gebäuden gemacht, die Ihre Vorstellung von Architektur geprägt oder verändert haben?

Bevor ich in diesem Haus wohnte, habe ich keine besonderen Erfahrungen gemacht.

Hatten Sie eine konkrete Vorstellung von Ihrem neuen Haus, bevor Sie beschlossen, Herrn Fujimoto mit der Planung zu beauftragen? Gab es ein Vorbild, von dem Sie dachten, in solch einem Haus möchte ich wohnen?

Für unser Leben im Ruhestand zu zweit, wenn auch die Kinder aus dem Haus sind, wünschten wir uns, nur vom Notwendigsten umgeben in einem einfachen Haus zu wohnen. Auf der Suche nach einem Vorbild, das man als Beispiel nehmen könnte, bin ich zwar auch in die Bibliothek gegangen, aber es gelang mir nie, eine konkrete Vorstellung von meinem neuen Haus zu bekommen.

Hatten Sie besondere Wünsche an Herrn Fujimoto?

Einen simplen Entwurf für ein Haus, in dem man ein behagliches Leben im Ruhestand führen kann.

Inwieweit ist Herr Fujimoto auf Ihre Wünsche eingegangen?

Er hat das kleine Grundstück von 260 m² optimal ausgenutzt und das Haus so geplant, dass es für uns finanziell möglich war.

Wie zweckmäßig ist Ihr neues Haus im Alltag? Gibt es auch Probleme?

Fast alles ist zweckmäßig. Obwohl es offen ist, dringt der Lärm von außen nicht herein. Wenn ich mich im Haus aufhalte, fühle ich mich völlig eins mit der Natur, und ich habe ein Gefühl der Sicherheit, wie von drei Schutzschichten umgeben. Vor allem kam durch das natürliche Licht, das alles durchdringt, mein innerer Rhythmus ins Gleichgewicht, und ich kann gut schlafen. Da es viel Glas gibt, habe ich mir Sorgen wegen des Schmutzes gemacht, aber es wird nicht besonders schmutzig. Das Glas an der Decke zu putzen (mehrmals im Jahr) macht mir jetzt noch Spaß, aber wenn ich alt bin, werde ich wohl ein Unternehmen beauftragen.

Wie haben Ihre Nachbarn reagiert? Wurden Sie gleich akzeptiert? Glauben Sie, dass Ihre Nachbarn auch in so einem Haus wohnen möchten?

Anfangs machten wir uns ein wenig Sorgen, wie das wohl sein würde, aber dank des guten Charakters der Menschen dieser Region wurden wir ganz automatisch akzeptiert. Alle, die in unser Haus kommen, bewundern es und sagen «was für ein gemütliches Haus!» Auch wenn sie nur kurz vorbeikommen wollten, bleiben sie unwillkürlich länger. Ein Besucher, der sich gerade von einer Krankheit erholte, schaute unendlich lange zur Decke hoch und meinte, «mein Körper scheint plötzlich ganz leicht zu sein».

Sie wohnen jetzt in einem Haus, das unter Architekten und Architekturstudenten berühmt ist. Wahrscheinlich gibt es viele Leute, die Ihr Haus besichtigen oder fotografieren möchten. Wie reagieren Sie darauf?

Bisher kamen viele Leute und Studenten, um sich das Haus anzusehen, nicht nur aus Japan, sondern aus verschiedenen Ländern. Es hat sich so ergeben, dass ich in diesem Haus wohne, und ich bin sehr beeindruckt von der Kraft, die dieses Haus aufgrund seiner Architektur besitzt. Diese Erfahrung möchte ich unbedingt den Architekturstudenten weitergeben, und sie sind mir herzlich willkommen.

Eine Frage zum Schluss. Jetzt, wo Sie in einem außergewöhnlichen Haus eines außergewöhnlichen Architekten wohnen, welchen Rat geben Sie Freunden, die ein freistehendes Haus bauen möchten?

Wir können in einem außergewöhnlichen Haus eines außergewöhnlichen Architekten wohnen, weil es eine Verbindung über unsere Tochter gab. Wäre es nicht der beste Rat, den Freund einzuladen und diese außergewöhnlichen, behaglichen Räume gemeinsam zu erleben?

Final Wooden House
Nachbau / replica
Skulpturenpark Kunsthalle Bielefeld
2012

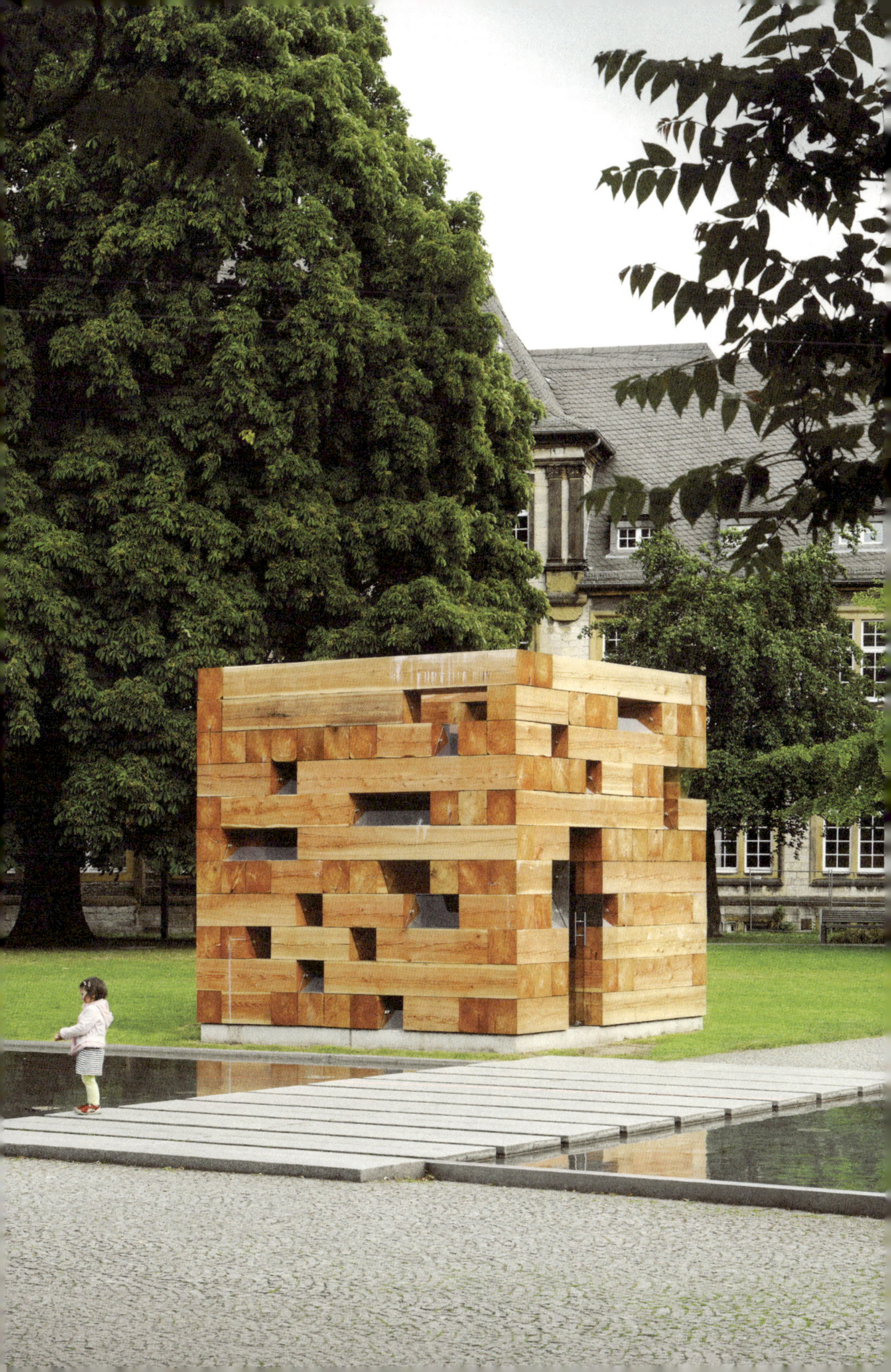

in der Kunsthalle

1

2

1
René Magritte
La lunette d’approche
1963
Öl auf Leinwand
176 × 115 cm
The Menil Collection, Houston
Photo Hickey-Robertson, Houston

2
Landschaft
Gakuo Zokyu, japanische Muromachi-Periode
Tusche auf Papier
80,7 × 35,0 cm
Japan
Freer Gallery of Art, Smithsonian Institution,
Washington, DC: Gift of Charles Lang Freer
F1905.268

Extremste Ästhetik
Die Architektur von Sou Fujimoto

Jörg H. Gleiter

In Japan drängt eine neue Generation auf die architektonische Bühne. Sie tut dies mit einer Selbstsicherheit und Eigenständigkeit, die man bisher aus Japan so nicht gewohnt war. Während weltweit die digitale, parametrische Architektur das Maß der Dinge ist, hat sich in Japan fast unbemerkt eine Generation von jungen Architekten herausgebildet, die davon unberührt eigene Wege beschreitet.

Ohne Zweifel ist Sou Fujimoto einer der interessantesten Architekten dieser jungen Generation. Mit Fujimotos Architektur gehen wieder Schauer des Riskierten und Gewagten von der japanischen Architektur aus, was viele der alternden Industrienation Japan nicht mehr zugetraut hatten, besonders nach der langen Phase der Orientierungslosigkeit, die der hemmungslosen Verausgabung der Architektur in der Postmoderne der 1980er- und 1990er-Jahre Jahre gefolgt war.

Man kann Fujimotos Architektur als eine Architektur der extremsten Ästhetik bezeichnen, was sie aber auf sehr eigene Art und Weise ist. Denn Fujimotos Architektur ist, was man mit Friedrich Nietzsche eine Architektur der «Interpolation im Kleinsten» bezeichnen kann. Damit beschrieb Nietzsche eine Ästhetik der Nuancen und höchsten Verfeinerung des Ausdrucks. Ihr entspricht die kleine Form und nicht mehr der große Stil. Für Nietzsche verbindet sich damit eine Musik der kleinen Intervalle, der kleinen und großen Sekunden, mit denen sich keine eingängigen Melodien mehr komponieren lassen, von denen aber große emphatische und zuweilen verstörende Wirkungen ausgehen.

Gerade das praktiziert Fujimoto in der Architektur. Er hat die Sensibilität für die subtilen Eingriffe ins System der Architektur und die aus den kleinen Differenzen resultierenden Wirkungspotenziale. Damit verwandelt Fujimoto die Architektur in eine Zone irritierender Unschärfe. In seinen aufregendsten Projekten wie House N in Oita (2006–2008), House H in Tokyo (2007–2009) und House OM (2007–2012) in Yokohama macht er die Architektur zu einem paradoxen Wahrnehmungsereignis, das im Betrachter einen leichten Schwindel auslöst. Seine Architektur ist zugleich von größter Präzision und schleierhafter Unschärfe, lichtdurchflutet und klaustrophobisch, von äußerster Rationalität und doch rätselhaft labyrinthisch. Fujimoto selbst spricht von der Architektur als einer hazy area, also einer Zone der Unschärfe. Alles ist ein subtiles Spiel der Differenz in Raum und Zeit, wobei das Haus in seiner konkreten Materialität fast nichts ist. Ist das noch Architektur? Vielleicht ja, vielleicht sogar im ursprünglichen Sinne der Bedeutung. Aber wie ist sie es? Einige Anhaltspunkte.

Spiel der Differenz

House N (2006–2008) in Oita steht exemplarisch für Fujimotos extremste Ästhetik. Es steht in einem jener typischen, kleinteiligen, städtischen Wohnviertel der japanischen Mittelschicht, in denen man vielen liebevollen, immer wieder abgewandelten Details, aber auch mancher architektonischen Kuriosität, mithin Banalität begegnen kann. Auch House N erfüllt nicht die Erwartungen, die man allgemein an ein Haus stellt. Fujimoto unterläuft die konventionellen Vorstellungen von Wohnen, aber mit dem Unterschied, dass er dies mit dem Bewusstsein tut für die besondere Wirkung, die davon ausgeht. Daher auch ist Fujimotos Architektur für eine bestimmte Art von Bauherren wenig attraktiv. Mit ihrem Spiel der Differenz und Unentscheidbarkeit hebt sie alles das auf, was mit Architektur üblicherweise assoziiert wird: Repräsentation, Hierarchie und physisch-materielle Präsenz.

Fujimoto geht es um anderes. Nähert man sich House N, so sieht man schon von weitem einen blendend weißen Kubus, der sich von den Häusern in der Nachbarschaft abhebt. Überdimensional große, rechteckige Öffnungen sind in die Fassaden eingeschnitten. Aber zum Erstaunen des Betrachters sind dies keine Fenster, sie öffnen sich nicht in einen Innenraum, wie man vermuten würde, sondern in einen mit Bäumen bepflanzten Garten. Sie vermitteln also nicht zwischen einem Außen- und einem Innenraum, weshalb man sie nicht als Fenster im eigentlichen Sinne bezeichnen kann, man schaut durch sie gleichzeitig hinein wie hinaus. Tritt man näher, so wird sichtbar, dass es kein herkömmlicher Garten ist, sondern ein ausgedehntes Kiesbett mit kleineren Bäumen, die wie Inseln im Meer in der Kiesfläche verteilt stehen. Das erinnert an einen japanischen Trockengarten, vielleicht an den Garten des Ryoan-ji Tempels in Kyoto, der ebenfalls aus einer Kiesfläche besteht, über die bemooste Steine verteilt sind. Mit dem Wellenmuster, das mit dem Rechen in die Kiesfläche eingeschrieben ist, ruft dies das Bild von Inseln im Meer hervor.

Trotzdem, mit dem Garten von House N assoziiert sich nicht diese, sondern eine andere Metapher, zumal das Wellenmuster fehlt. Mit den großen, leeren Wandöffnungen und den Bäumen, die scheinbar aus dem Haus herauswachsen, ruft House N die Metapher einer Ruine auf, obwohl Spuren des Verfalls fehlen. Die Architektur ist scharfkantig und blendend weiß. Die Bäume überwuchern auch nicht mit urwüchsiger Kraft die Architektur, wie das bei Ruinen der Fall ist, und wie man das zum Beispiel von den Ruinen von Angkor Wat oder von der Villa Adriana bei Rom kennt. Wie Georg Simmel in seinem Aufsatz «Die Ruine»[1] beschrieben hat, erhalten die Ruinen ihren besonderen symbolischen Gehalt dadurch, dass in ihnen die schaffenden und zerstörenden Kräfte der Kultur und der Natur im Gleichgewicht sind. In der Ruine kommen die entgegengesetzten Prinzipien zur Ruhe, sie greifen ineinander und bilden mit der Ruine als dritter, resultierender Figur eine Einheit.

In House N sind aber selbst die Bäume dem gestalterischen Willen des Architekten unterworfen. Es gibt keinen spontanen Übergriff der Natur auf das kulturelle Artefakt, das Haus. Fujimotos House N unterwirft sich nicht der Kraft der Natur. Der Garten ist mit berechnender Voraussicht und der Kontrolle eines japanischen Gartens angelegt, dessen Metaphorik es sich jedoch verweigert. Natur und Kultur bleiben getrennt, sie berühren sich, aber durchdringen einander nicht. Die Synthese der entgegengesetzten Kräfte bleibt aus. Eine eigenartige Spannung erfüllt den Raum, es ist eine andere Art Gleichgewicht von fast fiebriger Ruhe. Das Bild der Ruine und des japanischen Gartens sind auf eigentümliche Weise suspendiert und in der Schwebe.

Kaleidoskop

Fujimotos Architektur gründet nicht in einem Konzept dialektischer Gegensätze und ihrer Aufhebung in einer resultierenden dritten Figur, sondern auf dem Prinzip minimaler Differenzen und kleiner Verschiebungen, was Betrachter und Bewohner in einen merkwürdig erregten Zustand versetzt. Dennoch, nichts ist dem Zufall überlassen, alles ist aufs Äußerste kontrolliert, gerade wo Fujimoto die Architektur als hazy area inszeniert. Wie in House N, das nicht nur – wenn auch noch so schwach – das Bild einer Ruine und eines japanischen Gartens aufruft, sondern auch das Bild einer russischen Matrjoschka. Gut erkennbar besteht es aus drei unterschiedlich großen, weißen Kuben, die in Art der Matrjoschkas übereinander gestülpt sind. Sie sind leicht gegeneinander aus der Achse gerückt, so dass zwischen ihnen unterschiedlich dimensionierte Räume übrigbleiben. Sie sind die eigentlichen Wohnräume. Bis auf den relativ kleinen, zentralen Raum besteht das Haus nur aus diesen Zwischenräumen. Das Wohnen findet also im Raum zwischen den Volumen statt, man wohnt zwischen einer Innenwand und einer Außenwand, immer drinnen und draußen zugleich.

Durch das Matrjoschkasystem ist House N weniger Wohnraum als rätselhafter Wahrnehmungsraum, der verständlich werden lässt, dass für Fujimoto die Architektur in erster Linie ein Medium zur Schaffung von Wahrnehmungsräumen ist. In Wahrnehmungsräumen wohnen wir, wenn wir in Fujimotos Häusern wohnen, nicht in realen Räumen. Der Wohnraum folgt weder abstrakten, idealistischen Ideen noch praktischen Anforderungen, sondern allein den Regeln der Wahrnehmung. Wenn Fujimoto in den Plänen Küchen, Wohnzimmer und Schlafzimmer markiert, so sind das nur funktionale Zuschreibungen. Sie bezeichnen weniger eine architektonische Möglichkeit als eine architektonische Unmöglichkeit.

Fujimotos Räume sind funktional unterbestimmt. In Tokyo Apartment (2006–2010) ist das Spülelement mit integrierter Herdplatte nur Zeichen für Küche und jederzeit austauschbar. Es gibt nur eine rudimentäre Relation zwischen Raum und Funktion, wenn man so will: Es gibt einen Wasser- und Gasanschluss, weiter nichts, was auf die Funktion Küche verweisen würde. Im House H lösen sich zum Teil die Treppen von ihrer Funktion. Sie führen ins Leere und sind nur noch Teil des Wahrnehmungs- und Erfahrungsraums. Ebenso wie die überdimensionalen Fensterrahmen in House OM (2007–2012) in Yokohama, die von Wand und Fensteröffnung getrennt sind und Teil eines verfremdeten Wahrnehmungsereignisses sind.

Für Fujimoto ist der physisch-materielle Raum nicht das Ziel der Architektur, er markiert auch nicht die Grenze des Wohnraums. Alles setzt er daran, die physischen Grenzen optisch aufzulösen und Zonen von Unschärfe und widersprüchlicher Ordnung zu schaffen. Das ist in House N die Funktion der großen rechteckigen Öffnungen, die in die drei übereinander gestülpten Kuben eingeschnitten sind. Sie sind die Elemente eines facettenreichen Wahrnehmungsraums, was damit beginnt, dass die Öffnungen geometrisch leicht gegeneinander verschoben sind. Keine nimmt die Fluchtlinien der anderen auf, alle liegen knapp daneben. Beim Blick durch die drei Schichten der perforierten Wände ergibt sich dann ein abstraktes Spiel von sich ineinander verschiebenden Flächen, von sich verengenden und sich schließenden, aber auch von sich in immer neuen geometrischen Konstellationen wieder öffnenden Flächen, je nach Position und Bewegung des Betrachters.

Fujimoto betreibt die imaginäre Entgrenzung des Raums. House N ist kein Haus, es ist ein einzigartiges begehbares Kaleidoskop. Der Eindruck wird dadurch verstärkt, dass auch die Decken der drei Kuben wie Wände behandelt und damit auf dieselbe Weise mit Öffnungen perforiert sind. Aber im Unterschied zum Kaleidoskop lässt sich das Spiel der Öffnungen, von Opazität und Transparenz, von magischer Tiefe und stumpfer Oberfläche nicht anhalten. Wer im Haus ist, für den gibt es kein Entkommen, denn gerade die Bewegung des Bewohners ist Generator der Wahrnehmungseffekte. Zugespitzt formuliert: House N ist eine Maschine, aber nicht die Wohnmaschine der Moderne, sondern eine Maschine von Wahrnehmungseffekten.

Sichtbare Dunkelheit

Seit Mitte der 1990er-Jahre lässt sich beobachten, dass in Japan alles immer heller wird, auch die Architektur. Dies kündigte sich in den 1980er-Jahren erst im hellgrauen Sichtbeton von Tadao Ando an. Ando inszenierte das Licht insbesondere in den Innenräumen durch starke Kontraste von hellen Flächen und scharfen, umso dunkleren Schlagschatten. Das war für Japan ungewöhnlich, vielleicht auch abschreckend, machte Ando aus europäischer Sicht aber um so interessanter. Die Architektur in Weiß setzte sich dann um die Jahrhundertwende mit Kazuyo Sejima und Ryue Nishizawa durch, wie zum Beispiel in ihrem Dior-Gebäude in Harajuku mit seiner milchig-weißen Fassade oder in ihrem Museum in Kanazawa.

Die Entwicklung hin zu immer helleren Innenräumen wurde vielfach als übermäßige Europäisierung der Architektur und Bruch mit der japanischen Tradition kritisiert. Arata Isozaki spricht vom «Monismus der Dunkelheit», [2] der das japanische Raumverständnis präge, und dieses vom westlichen Raumverständnis unterscheide. In seinem Buch «Welten und Gegenwelten» versucht er zu zeigen, dass im europäischen Barock die Funktion des Raums die Erzeugung von Helligkeit und irritierenden Lichteffekten war, dass aber umgekehrt die Funktion des Lichts in der japanischen Architektur die Erzeugung von Dunkelheit und geheimnisvollen Raumatmosphären ist. Er beruft sich dabei auf Jun'ichiro Tanizakis «Lob des Schattens», einen Aufsatz, den Tanizaki 1933 veröffentlicht hatte und der bis heute das Bild der japanischen Ästhetik prägt. «Dichte, monochrome Dunkelheit», so Tanizaki, zeichne die japanische Ästhetik aus. Die japanische Architektur unterscheide sich von der europäischen Architektur durch die «sichtbare Dunkelheit der Innenräume», die in ihren besten Beispielen «etwas Glitzerndes, Flimmerndes» an sich hätten und leicht Halluzinationen erzeugen würden und «in gewissen Fällen unheimlicher als das Dunkel im Freien»[3] seien.

Viele Projekte erstrahlen heute in Japan in blendendem Weiß, besonders innen, auch Fujimotos Architektur, abgesehen von einigen Ausnahmen wie House O in Chiba (2007), dessen dem Meer zugewandte Seite aus einer durchgehenden, profillosen Verglasung besteht, und dessen dem Land zugewandte Seite fensterlos und aus Sichtbeton ist. Während jedoch die meisten Architekten mit der weißen Architektur einem modischen Trend folgen, hebt sich Fujimotos weiße Architektur davon entschieden ab. Er setzt die Farbe Weiß auf eine Art und Weise ein, dass ein altes, in den letzten Jahren fast schon vergessenes Thema wieder aufscheint: nämlich das geheimnisvolle Spiel von monochromen Flächen und ihren vielfältigen Eigenschatten.

Es kehrt mit der Farbe Weiß in die Architektur zurück, was Tanizaki für die japanische Architektur als charakteristisch bezeichnet, aber für die Moderne schon verloren geglaubt hatte: die «sichtbare Dunkelheit».

Bewusst, kalkuliert und mit klaren Intentionen setzt Fujimoto in den weiß strahlenden Innenräumen auf die Nuancen der Helligkeit, die durch die Eigenschatten der einzelnen Wände, Decken und Böden erzeugt werden. Wie in House H (2007–2009) inszeniert er in seiner Architektur ein subtiles Spiel unterschiedlicher Helligkeiten, mit dem Effekt, dass sich die geometrisch präzisen Konturen der Räume visuell auflösen und einen zuweilen halluzinatorischen Effekt der Unschärfe erzeugen. Fujimotos Architektur ist geometrisch äußerst präzise, lichtdurchflutet und weiß und dennoch keine Architektur der scharfen Kontraste und des direkten Lichts. Einige Projekte sind durch und durch weiß und trotzdem durch das Spiel der Eigenschatten von einer rätselhaften Dunkelheit. Weiß ist für Fujimoto also nicht die Farbe von Aufklärung und Sachlichkeit, wie sie es für die Moderne der Sachlichkeit war, sondern ein Medium magischer und rätselhafter Verschleierung. Neben Beton, Holz und Glas behandelt Fujimoto das Weiß wie ein eigenes Material und wichtiges Medium im Spiel der minimalen Differenzen. Nicht weniger als die traditionelle Architektur Japans haben Fujimotos Innenräume etwas Flimmerndes und Halluzinatorisches an sich, das ganz im Sinne von Tanizaki in gewissen Fällen «unheimlicher als das Dunkel im Freien» ist.

Erschütterungen

Fujimoto ist ein Meister einer hauchdünn gewordenen Architektur, einer Architektur der kleinen Abweichungen und subtilen Nuancen, die in der Summe große, zuweilen verstörende Wirkung erzielen können. So ist in seiner Architektur alles aus der Achse oder der Flucht verschoben – Fenster, Türen, Böden und Decken –, ohne dass sich jedoch ein Eindruck der Unordnung einstellen würde. Das ist wie nach einem leichten Erdbeben, wo sich auf dem Tisch Teller, Tassen und Gläser kaum sichtbar, aber doch so gegeneinander verschieben, dass das Ereignis sich in die Ordnung der Dinge einschreibt, um fortan im Unbewussten zu wirken und subkutan Irritationen auszulösen. Diese Erfahrung kennen Japaner, sie gehört zum verdrängten Unheimlichen der japanischen Psyche. Gemeint sind aber nicht die großen verheerenden Erdbeben, wie in den letzten Jahren in Kobe, Niigata oder Fukushima, sondern die vielen kleinen Erschütterungen der Erde, die die Objekte fast unmerklich, aber doch spürbar erzittern lassen und eine ständige Nervosität erzeugen.

Eine solche Nervosität charakterisiert auch Fujimotos Architektur. Sie resultiert aus der Tatsache, dass es keinen Maßstab gibt, diese kleinen und kleinsten Verschiebungen zu messen. Für die Interpolation im Kleinsten, für das Knappdaneben gibt es kein Maß. Aber ohne Maßstab gelingt es uns nicht, die Gegenstände des Alltags und die Architektur als Ganzes in eine eindeutige Beziehung zueinander und zu uns zu setzen.
Das ist eine der fundamentalen Erfahrungen, die wir mit Fujimotos Architektur der minimalen Differenzen machen. Und Fujimoto steigert dieses Spiel, indem er uns zusätzlich noch den Maßstab der Architektur als solchen verweigert, indem er uns Details vorenthält und damit das vermittelnde Medium, das der Architektur ihren Maßstab gibt. Details treten in der Architektur immer dort auf, wo verschiedene Teile aufeinandertreffen und zueinander in Beziehung treten, wo also zwei Materialien, zwei Funktionen, zwei Oberflächen oder zwei Atmosphären aufeinanderstoßen wie Holz und Stein oder Wand und Decke, Dunkles und Helles oder Dumpfes und Heiteres. Details setzen die Dinge zueinander in Beziehung, aber auch die Architektur mit dem Menschen. Sie finden sich dort, wo der Mensch mit der Architektur direkt in Kontakt kommt, über Türgriffe, Lichtschalter und Schwellen werden Mensch und Architektur miteinander in Beziehung gesetzt.

Details aber fehlen in Fujimotos Architektur fast völlig. Er unterdrückt sie, er will eine Architektur der unvermittelten Erfahrung, er will das reine Wahrnehmungsereignis. Aber im Unterschied zu anderen Architekten seiner Generation verfällt Fujimoto damit nicht in einen Ästhetizismus.
Es ist bewusstes Gestaltungsmittel, denn Fujimoto geht es nicht um Form, sondern um Raumwirkung. Und eines der Mittel dafür ist der Verzicht auf Details. So sind vielfach die Fenster ohne Rahmen in die dafür vorgesehenen Öffnungen gesetzt, Fußboden und Wand treffen unvermittelt aufeinander und die Türöffnungen sind direkt aus der Wand geschnitten, ohne die vermittelnde Funktion des Türrahmens. Muss es diesen geben, so ist er möglichst bündig in die Wand gesetzt und der Wechsel des Materials durch die weiße Farbe unterdrückt.

Fujimotos Architektur legt es auf den leichten Schwindel an, der sich einstellt, wenn uns der Maßstab abhanden kommt und die Erkenntnis der Dinge ins Leere läuft. Das geht so weit, dass im House H in Tokyo selbst die Decken der Räume leicht gegeneinander versetzt sind. Wo die Räume sich auf je anderer Höhe befinden, da gibt es keine Nulllinie oder stabile, horizontale Referenzebene, an der der Blick sich orientieren könnte. Durch die großen Öffnungen, mit denen Wände wie Decken und Böden gleichermaßen perforiert sind, wird das Haus dagegen durch diagonale Sichtlinien beherrscht. Diagonal und damit in verwirrender Bezugslosigkeit schaut man, nach oben wie nach unten, von Raum zu Raum durch das Haus hindurch. Dabei sieht man die Dinge entweder in ungewöhnlicher Untersicht oder ungewöhnlicher Draufsicht, mit dem Effekt, dass sie verzerrt erscheinen, kleiner oder größer, je nachdem.
So entsteht ein dynamisches Raumkontinuum entlang von Diagonalen, ein Raum mit surrealistischen Maßstabsverzerrungen, labyrinthisch wie Giambattista Piranesis phantastische Zeichnungen der Carceri, absurd wie Maurits Cornelis Eschers endlos in sich wiederkehrende Treppenräume. Das Haus wird zu einer Zone der Unschärfe. Es ist der Entzug der Maßstäblichkeit, der unsere Vorstellungskraft ins Taumeln bringt.

Vexierbilder

Einen besonderen Stellenwert in Fujimotos Werk nimmt House OM ein. Im ersten Moment lässt es sich schwer einordnen. Es ist aber wie eine Offenbarung für Fujimotos Werk. Außen ist es aus Sichtbeton, auf dessen Oberfläche die Schaltafeln sich als geschossweise leicht versetztes Muster abzeichnen, während es innen ganz weiß ist, nur die Einbauten sind aus Holz. Ungewöhnlich für Fujimoto schneiden in jedem Geschoss runde, ellipsenartige Formen so in das Volumen ein, dass im Inneren eine Art mehrgeschossiger, offener, patioartiger Raum entsteht. Weil auch er ganz weiß ist, wirkt dieser Raum wie ein Innenraum, gerade auch an den Stellen, an denen auf jeder Seite des Kubus große Öffnungen Einblick geben in diesen weißen Innenraum, der ein weißer

Außenraum ist. Verstärkt wird das durch die in diesen Außenräumen frei stehenden massiven Holzrahmen mit ihren weißen Vorhängen. Sie geben dem Haus etwas voyeuristisch Exaltiertes, etwas Überreiztes, Hysterisches. Deswegen ist House OM eine Offenbarung. Es kommt hier ein Aspekt in Fujimotos Architektur zur Sichtbarkeit, der ansonsten im Verborgenen wirkt: Es bricht in ihm ein groteskes, surreales Moment durch. Das wird besonders in den raffinierten Fotografien von House OM sichtbar, besonders in den Aufnahmen des patioartigen Innenraums mit den freistehenden Rahmenkonstruktionen aus Holz und den in sie eingehängten weißen Vorhängen. Überhaupt ist für Fujimoto die Fotografie ein Mittel, um Hinweise auf die seinen Häusern zugrundeliegende Konzeption zu geben. Im Falle von House OM sind die Bilder mit großer Sorgfalt vor dem Hintergrund eines Himmels in hellem Preußischblau mit weißen Wolken fotografiert. Die Architektur selbst ist weiß, glatt und nahezu ohne architektonische Details. Es wirken die reinen Formen, mehr bildhaft als architektonisch. Die weißen Volumen mit ihren ungewöhnlichen Schlagschatten, die freistehenden Holzrahmen, die weißen Vorhänge zusammen mit dem blauen Himmel und den weißen Wolken geben dem Raum eine unwirkliche Atmosphäre. Das kennt man, es ruft das Werk von René Magritte auf, zum Beispiel Bilder wie «Les valeurs personelles» (1952) oder «La lunette d'approche» (1963). Beide zeigen den für Magritte typischen Himmel mit weißen Wolken, der sich auf den Wänden, im Spiegelglas von Schranktüren und in einem halb geöffneten Fenster abzeichnet. In diesen Bildern ist der Himmel jeweils durch Fenster- oder Türrahmen gerahmt, wodurch der Blick aufs Bild zum Blick durch das Bild hindurch in einen zweiten Illusionsraum wird.

Das passiert auch in House OM und nicht nur in den Fotografien. Mit ihren weißen Vorhängen entfachen die überdimensionierten Holzrahmen, die die Proportionen der Fenster von House OM haben, ein Spiel mit der Illusion von Raum und Bild und verwandeln den verschlungenen Innenraum von House OM in eine surreale Landschaft. Surreal ist diese aber nicht etwa, weil die Holzrahmen keine Funktion hätten und unmotiviert im Raum platziert wären. Im Gegenteil, sie haben eine Funktion, eine visuelle Funktion. Diese ist, durch die Rahmung des Blicks die durch die runden Formen erzeugte Plastizität des Hauses im Innern tendenziell wieder aufzuheben. Sie verflachen den Raum, sie schieben die Räumlichkeit wieder zurück in die Zweidimensionalität des Bildes – entsprechend dem kaleidoskopischen Effekt im House N. Es gehört zu Fujimotos Spiel mit der Wahrnehmung, dass wie in einem Vexierbild Raum in Fläche umschlägt und wieder zurück.

In Ihren Proportionen, die denen der Fenster ähnlich sind, werden die überdimensionalen Holzrahmen als jene Details sichtbar, die die Architektur Fujimotos durch die Farbe Weiß ansonsten bewusst zu homogenisieren, damit aus der Architektur zu eliminieren oder sie zumindest zu unterdrücken versucht. Mit den Holzrahmen dagegen, so lässt sich feststellen, kehrt das Unterdrückte der Architektur Fujimotos in die Sichtbarkeit zurück: das Detail, aber als von der eigentlichen Substanz der Architektur getrennt hat es jetzt eine andere, eine surreale Funktion. Es ist Teil von Fujimotos Spiel mit der Architektur als Vexierbild, an dem Drei- in Zweidimensionalität, Raum in die Illusion von Raum, neutrales Weiß in psychologische Tiefenwirkung umschlägt.

Wolken

Fujimotos Architektur ist nicht nur eine Architektur äußerster konzeptueller Präzision und formaler Disziplin, sie ist auch eine Architektur großer Befreiung. Das ist kein Widerspruch. Sie ist eine befreite Architektur, wo sie ihre Themen mit Souveränität wählt. Sie geht auf maximale Distanz zur internationalen digitalen und parametrischen Architektur, ohne dabei ins andere Extrem zu verfallen und der Gefahr der Verengung auf nationale oder regionale Klischees zu erliegen.
Ihr besonderer Stellenwert innerhalb der japanischen Architektur resultiert daher, dass Fujimoto frei ist vom japanischen «Okzidentalismus», [4] das heißt frei von der Obsession mit der westlichen Architektur. Als ob in Fujimotos Architektur die japanische Architektur zu sich gekommen wäre, befreit vom Druck des Modernisierungsparadigmas, das die Architektur im 20. Jahrhundert technologisch und formal am westlichen Vorbild orientierte, bei gleichzeitiger gesellschaftlicher Überhöhung der japanischen Kultur. Die Formel dafür hieß wakon – yosai oder japanische Kultur – westliche Technik. Sie lag seit der Öffnung des Landes 1868 allen Modernisierungsprozessen zugrunde. Seit Anfang der fünfziger Jahre des letzten Jahrhunderts bestimmte sie wesentlich auch die Entwicklung der modernen Architektur in Japan, erst affirmativ in mimetischer Annäherung und formaler Angleichung, später in der Postmoderne kritisch-distanziert in deren teilweise absurder Überfremdung. Mit dem wirtschaftlichen Aufstieg in den 1980er-Jahren glaubte man, dass die Zeit der «Überwindung der Moderne», [5] also der Lösung vom Vorbild des Westens, gekommen sei. Man versuchte durch die freie, allzu freie Collage unterschiedlicher Stilfragmente der westlichen Architekturgeschichte die westliche Kultur in ihren Inhalten zu unterminieren, zu schwächen und damit als Vorbild zu diskreditieren und so auch die eigene Modernisierungspraxis des wakon-yosai zu überwinden. Bis auf wenige Ausnahmen, wie zum Beispiel Toyo Ito oder Osamu Ishiyama, die davon unberührt blieben, jedoch je entgegengesetzte Ideen verfolgten, war die Architektur während der Postmoderne weitestgehend ohne ein eigenes Konzept.

Von all dem ist bei Fujimoto nichts mehr zu finden. Wenn Fujimoto auf die westliche Architekturgeschichte – zum Beispiel auf das Konzept der Ruine oder Le Corbusiers maison domino – Bezug nimmt, so tut er das mit dem konzeptuellen Interesse an einer spezifischen Architekturform, nicht mit dem Zwang der Gegenüberstellung des Fremden und Eigenen, der westlichen und japanischen Kultur. Er tut dies weder mit der den aufholenden Modernisierungsprozessen eigenen Unterwürfigkeit, noch mit der Überheblichkeit einer die Moderne überwinden wollenden Postmoderne. Wo Fujimoto auf japanische Themen rekurriert, so steht das außerhalb der Debatte zur nationalen Identität.

In diesem Sinne thematisiert House before House (2007–2008) ein Prinzip des japanischen Raumverständnisses. House before House besteht aus weißen Würfeln, wovon jeder ein in sich abgeschlossenes Zimmer ist. Diese Würfel, die nebeneinander und übereinander in freier Form und scheinbar systemlos gestapelt sind, sind aber alles andere als intentions- oder gar konzeptlos. Jedes dieser Volumen trägt die Bezeichnung einer spezifischen Funktion und auf jedem von ihnen ist ein Baum gepflanzt. Es entsteht das Bild eines dreigeschossigen Waldes, durch den die weißen Kuben – wie Magrittes Reiter im Wald – hindurch-

schimmern, was weniger absurd ist, als es im ersten Moment scheinen mag. Es entsteht ein schwebender Zustand zwischen räumlicher Tiefenwirkung und flacher Bildwirkung.
Hier verbindet sich das surrealistische Moment in Fujimotos Architektur mit dem genuin japanischen Raumgefühl. Denn Fujimoto bezieht sich auf subtile Art und Weise auf die Methoden der Raumdarstellung in traditionellen chinesischen und japanischen Tuschezeichnungen. Dort wird die Tiefe des Raumes durch das Übereinanderstapeln der Motive erzeugt, getrennt durch Wolken- oder Nebelbänder, die den Bildbruch dazwischen verschleiern sollten. Darauf bezieht sich Fujimoto, aber mit umgekehrter Intention. Die weißen Kuben von House before House sind wie die weißen Wolkenbänder, aber in umgekehrter Funktion. Sie sind nicht wie in den Tuschezeichnungen Elemente zur Illusionierung von Raum- und Tiefenwirkung, sondern sind Elemente zur Illusionierung von flacher Bildwirkung, zur tendenziellen Aufhebung und Verschleierung des realen Raumkontinuums. Architektur ist eine hazy area, meint Fujimoto. Das ist sie nicht von sich aus, es ist Fujimotos Kunst, die sie dazu macht.

Anmerkungen

1 Georg Simmel, Die Ruine (1919), http://www.salmoxisbote.de/Bote12/Simmel.htm

2 Arata Isozaki, Welten und Gegenwelten, hg. v. Yoco Fukuda, Jörg H. Gleiter u. Jörg R. Nönnig, Bielefeld 2011, S. 159.

3 Jun'ichiro Tanizaki, Lob des Schattens, aus dem Japanischen übersetzt von Eduard Klopfenstein, Zürich 1988, S. 61 f.

4 Ken'ichi Mishima, Die Schmerzen der Modernisierung als Auslöser kultureller Selbstbehauptung – Zur geistigen Auseinandersetzung Japans mit dem »Westen«, in: Irmela Hijiya-Kirschnereit (Hg.), Überwindung der Moderne? Japan am Ende des zwanzigsten Jahrhunderts, Frankfurt/M. 1996, S. 91.

5 Vgl. dazu Irmela Hijiya-Kirschnereit, Leuchtet Japan? Einführende Gedanken zu einer proklamierten Zeitenwende, in: Dies. (Hg.), Überwindung der Moderne? Japan am Ende des zwanzigsten Jahrhunderts, Frankfurt/M. 1996, S. 7–24.

1

2

3

4

1
Sou Fujimoto in seinem Studio in Tokyo.
Schnappschuss: Friedrich Meschede

2
Zwei Teilchen bewegen sich kräftefrei auf geraden Bahnen

3
Zwei Teilchen bewegen sich unter Einwirkung einer Kraft quer zu ihrer Bewegungsrichtung und stoßen aufeinander

4
Zwei Teilchen begen sich auf einer Kugeloberfläche und stoßen am «Nordpol» aufeinander.

Sou Fujimotos Architektur und Einsteins Relativitätstheorie

Günter Küppers

Auf einem Foto vom Büro des japanischen Architekten Sou Fujimoto, das Friedrich Meschede gemacht hat, sieht man, was man in einem Architekturbüro erwartet: viele Tische, voll mit Zeichnungen und Modellen. Die Wände sind leer – nur an einer Wand hängt ein relativ kleines Bild. Es zeigt ein Foto von Albert Einstein.

→ Abb. 1

Diese ‹Inszenierung› erweckt nicht den Eindruck des Zufälligen. Sie scheint etwas zu bedeuten und die Frage lautet: was? Was verbindet Einstein mit Fujimoto? Beide haben – das ist meine These – tradierte Vorstellungen aufgegeben. Bei Einstein ist es die Vorstellung von der Unabhängigkeit von Raum und Materie, bei Fujimoto die Vorstellung von der Unabhängigkeit von Raum und dessen Nutzung.

Etwas genauer: Im Kern der Allgemeinen Relativitätstheorie steht Einsteins kühner Gedanke, Gravitation nicht länger als Kraft zu betrachten, sondern als eine Eigenschaft der Geometrie von Raum und Zeit, die beide nicht mehr unabhängig voneinander gedacht werden können, sondern verwoben sind in einer vierdimensionalen RaumZeit. Dabei ist deren Geometrie nicht vorgegeben, vielmehr wird sie bestimmt von den Massen, die sich entsprechend dieser Geometrie in ihr bewegen.

Fujimotos Architektur ist ebenfalls geprägt von einem gegenseitigen Bedingungsverhältnis. Bei ihm sind es der Raum und seine Nutzung, die sich gegenseitig bedingen. Es existiert keine vorgegebene Ordnung einzelner Baukörper – diese entsteht erst durch die Art und Weise, wie potenzielle Bewohner die einzelnen Teile nutzen. Die Funktion einzelner Räume oder Häuser ist nicht Folge eines Masterplans. Sie entsteht erst durch die spezifische Nutzung, welche die Bewohner in Wechselwirkung mit der Architektur praktizieren.

Im Folgenden will ich diese Gedanken weiter verfolgen. Als Physiker liegt das Schwergewicht der Argumente natürlich auf Seiten der Relativitätstheorie.

Raum und Zeit bei Newton

Der neuzeitlichen Wissenschaft, begründet von Galileo Galilei und vollendet von Isaac Newton, lag die Vorstellung eines absoluten Raums und einer gleichmäßig ablaufenden Zeit zu Grunde. In seinem Hauptwerk «Philosophiae Naturalis Principia Mathematica» schreibt Newton:

«Der absolute Raum bleibt vermöge seiner Natur und ohne Beziehung auf einen äußeren Gegenstand stets gleich und unbeweglich.

Die absolute, wahre und mathematische Zeit verfließt an sich und vermöge ihrer Natur gleichförmig und ohne Beziehung auf irgendeinen äußeren Gegenstand. Sie wird auch mit dem Namen Dauer belegt.»

Raum und Zeit existierten a priori (Kant); sie bilden die Bühne für das Theater des Weltgeschehens.

Auf die Idee, einen absoluten Raum vorauszusetzen, kam Newton aufgrund eines einfachen Gedankenexperiments: Ein mit Wasser gefüllter Eimer hängt an einer Schnur an einem Balken. Verdreht man den Eimer mit der Schnur und lässt ihn dann los, beginnt der Eimer zu rotieren. Die im Ruhezustand des Eimers ebene Wasseroberfläche beginnt sich zu verformen – wegen der Reibung beginnt auch das Wasser zu rotieren und seine Oberfläche wird konkav. Genauer: ein Rotationsparaboloid. Hält man den Eimer an, hält wegen der Trägheit die Rotation des Wassers zunächst an, die Wasseroberfläche bleibt konkav. Erst wenn nach einiger Zeit auch das Wasser zur Ruhe gekommen ist, ist seine Oberfläche wieder eben. Da die Wasseroberfläche sowohl bei rotierendem als auch bei ruhendem Eimer parabolisch verformt ist, schließt Newton, die Wasseroberfläche krümmt sich zum Paraboloid nicht durch die Bewegung gegen den Eimer, sondern durch seine Rotation gegenüber einem absoluten Raum.

Eine zweite Annahme ist implizit im Gedankengebäude der Newton'schen Mechanik enthalten – das so genannte Relativitätsprinzip. In einem mit gleichbleibender Geschwindigkeit fahrenden Zug kann nur der Blick aus dem Fenster darüber Auskunft geben, dass der Zug fährt. Im Zug selbst gibt es keine Möglichkeit, die Geschwindigkeit des Zuges zu messen. Schon Galileo Galilei hat festgestellt, dass ein Beobachter im Bauch eines sich gleichförmig bewegenden Schiffes aus den Vorgängen um ihn herum nicht feststellen kann, ob das Schiff sich bewegt oder nicht. Das heißt: Bewegungen von Körpern können nur im Vergleich mit anderen Körpern festgestellt werden. Darüber hinaus haben die Naturgesetze für alle sich mit gleicher Geschwindigkeit gegeneinander bewegenden Bezugssysteme (Inertialsysteme) dieselbe Form.

«Die Bewegungen von Körpern in einem gegebenen Raum sind untereinander die gleichen, ob sich der Raum in Ruhe befindet oder ob er sich konstant auf einer geraden Linie bewegt» schreibt Newton in seinen Prinzipien. Die Variablen in den Naturgesetzen können freilich verschiedene Werte annehmen. Ein Beispiel: Wer die Stufen auf einer Rolltreppe nach oben steigt, ist schneller als jemand, der die Treppe benutzt. Umgekehrt braucht ein Fußgänger, der die Rolltreppe entgegen ihrer Laufrichtung hinabsteigt, länger als jemand, der die Treppe hinabsteigt. Denn für den Rolltreppenbenutzer addiert sich zur Laufgeschwindigkeit die Geschwindigkeit der Rolltreppe – positiv wie negativ. Nur die Zeit ist bei beiden Versuchspersonen gleich. Ihre Uhren gehen gleich schnell.

Erste Probleme

Mit der Entwicklung der Elektrodynamik im 19. Jahrhundert entstand ein Problem. James Clerk Maxwell zeigte, dass Licht eine elektromagnetische Welle ist. Diese Lichtwellen, so glaubte man, breiten sich ähnlich wie Schallwellen in der Luft ebenfalls in einem Medium aus, dem so genannten Lichtäther. Anders als die Luft, die sich durch die Gravitation zusammen mit der Erde bewegt, sollte dieser Äther im absoluten Raum ruhen. Ein Lichtstrahl in Richtung der Erdumlaufbahn um die Sonne würde sich dann wie im Beispiel der Rolltreppe schneller bewegen – zur Lichtgeschwindigkeit müsste man die Umlaufgeschwindigkeit der Erde addieren. Misst man also die Lichtgeschwindigkeit in Richtung der Erdbahn und senkrecht dazu, kann man aus der Differenz der Laufzeiten im Prinzip die Geschwindigkeit der Erde durch diesen Lichtäther bestimmen.

Die beiden Physiker Albert Abraham Michelson und Edward Morley haben 1887 in einem Aufsehen erregenden Experiment versucht, die Geschwindigkeit der Erde durch den Lichtäther zu messen. Das Ergebnis ihrer Experimente zeigte entgegen allen Erwartungen, dass sich das Licht in beiden Richtungen gleich schnell ausbreitet. Es sah so aus, als würde es keinen Lichtäther geben.

Einsteins Spezielle Relativitätstheorie

Es gab viele Versuche, dieses Resultat klassisch zu deuten. Durch Zusatzannahmen versuchte man, die Äthertheorie zu retten. Denn das Michelson-Morley-Experiment verletzte das klassische Relativitätsprinzip. Der Betrag der Lichtgeschwindigkeit war nicht mehr abhängig vom Bezugsystem. Einstein war der erste, der sich der Herausforderung stellte, die Konsequenzen zu untersuchen, die mit der Annahme einer in allen Bezugssystemen gleichen Lichtgeschwindigkeit verbunden sind. Die Relativitätstheorie war geboren.

Die Konstanz der Lichtgeschwindigkeit in allen Bezugssystemen zu fordern, hatte weitreichende Folgen. Im Vergleich zweier sich zueinander mit gleicher Geschwindigkeit bewegender Systeme werden jeweils vom anderen die seltsamsten Dinge beobachtet. Einstein hat diese «Verrücktheiten» zunächst als Ergebnis von Gedankenexperimenten beschrieben. Im Laufe der Zeit aber wurden alle Effekte der Relativitätstheorie experimentell mit höchster Präzision bestätigt.

Als erstes untersuchte Einstein, was unter der Prämisse der Konstanz der Lichtgeschwindigkeit «gleichzeitig» bedeutet. Folgen wir Einstein und begeben uns dazu in Gedanken auf einen Bahnsteig und stellen uns vor, in der Mitte des Bahnsteiges stehe eine Lampe. Wenn die Lampe eingeschaltet wird, dann sind wir sicher, dass das Licht beide Enden des Bahnsteigs gleichzeitig erreicht—es hat ja in beide Richtungen denselben Weg zurückzulegen. Durch das Anbringen eines Spiegels an beiden Enden des Bahnsteigs können wir uns unmittelbar von der Richtigkeit unserer Annahme überzeugen.

Betrachten wir nun die Situation aus der Sicht eines Fahrgastes eines mit konstanter Geschwindigkeit vorbeifahrenden Zuges: Für ihn bewegt sich der Bahnsteig mit konstanter Geschwindigkeit nach hinten. Wieder wird das Licht von der Bahnsteigmitte ausgesendet. Für den Fahrgast kommt das vordere Bahnsteigende dem Lichtstrahl entgegen, sodass das nach vorne laufende Licht eine kürzere Strecke zurücklegt. Umgekehrt bewegt sich das hintere Bahnsteigende vom Fahrgast nach hinten; der Lichtstrahl muss hier einen längeren Weg zurücklegen. Daher wird das Licht das vordere Bahnsteigende früher erreichen als das hintere, und somit werden die beiden Spiegel an den Enden des Bahnsteigs nicht gleichzeitig leuchten.

Der Beobachter am Bahnsteig und der Beobachter im Zug sind sich also nicht einig über die Frage, ob die beiden Ereignisse «Das Licht erreicht das vordere Ende des Bahnsteigs» und «Das Licht erreicht das hintere Ende des Bahnsteigs» gleichzeitig stattgefunden haben. Da beide Beobachter sich gegeneinander gleichförmig bewegen, sind beide Systeme äquivalent: Die Sichtweisen der beiden Beobachter treffen beide zu. Gleichzeitigkeit ist für beide Beobachter verschieden.

Ähnliche Überlegungen führen dazu, dass für den Beobachter im Zug der Bahnsteig kürzer erscheint und der Beobachter am Bahnsteig eine kürzere Zeitspanne für die Durchfahrt des Zuges misst. Daraus schließt er, dass die Uhren auf dem Bahnsteig langsamer gehen als im Zug. Wegen des Relativitätsprinzips macht der Beobachter auf dem Bahnsteig im Hinblick auf die Geschehnisse im Zug dieselben Beobachtungen. Auch ihm erscheint der Zug kürzer und auch er glaubt, dass die Uhren im Zug langsamer gehen.

Schon vor Einsteins Überlegungen zur Relativitätstheorie stellte man fest, dass die von James Clerk Maxwell aufgestellten Grundgleichungen der Elektrodynamik nicht die für die Mechanik geforderte Galilei-Invarianz besitzen. Damit auch sie in allen Inertialsystemen die gleiche Form haben, muss die Galileitransformation der klassischen Mechanik durch die nach Edward Lorentz benannte Lorentz-Transformation ersetzt werden. Diese beschränkt sich nicht mehr nur auf eine Transformation der räumlichen Koordinaten. Vielmehr müssen jetzt Raum und Zeit gemeinsam transformiert werden.

Die Gleichzeitigkeit von Ereignissen beurteilen sich relativ zueinander bewegende Beobachter unterschiedlich. Absolut existiert lediglich die Gesamtheit aller Ereignisse—die vierdimensionale RaumZeit. Newtons Vorstellungen eines absoluten Raums und einer universell gültigen Zeit sind damit widerlegt. Seine Mechanik ist jetzt der Grenzfall der Relativitätstheorie für Geschwindigkeiten, die klein im Vergleich mit der Lichtgeschwindigkeit sind.

Der Vollständigkeit halber sei hier noch ohne genaue Ableitung die Äquivalenz von Energie und Masse genannt. Diese Beziehung vervollständigt das Bild der speziellen Relativitätstheorie. Sie folgt aus den Transformationsregeln für den Impuls.

$E = mc^2$ ist die entsprechende Verknüpfung von Geschwindigkeit und Energie. Ihre Richtigkeit wurde bei der Explosion der ersten Atombombe auf spektakuläre Weise bestätigt.

Einsteins Allgemeine Relativitätstheorie

Bisher war nur die Rede von Inertialsystemen, also Systemen, die sich ohne Beschleunigung gegeneinander bewegen. Die Schwerkraft wurde bislang außer Acht gelassen. Ausgangspunkt ihrer Berücksichtigung war für Einstein die von Ernst Mach geforderte Annahme, dass die Trägheitskräfte eines Körpers nicht von dessen Bewegung relativ zu einem absoluten Raum, sondern von dessen Bewegung relativ zu den anderen Massen im Universum abhängen. Mit dieser Begründung hat Mach die Schlussfolgerung Newtons aus dem Eimerexperiment zurückgewiesen; die Verformung der Oberfläche des Wassers sei allein ein Ergebnis der Rotation gegenüber dem Fixsternhimmel und nicht ein Beweis für die Existenz eines absoluten Raums. Das Auftreten von Trägheitskräften ist ausschließlich eine Folge der Wechselwirkung der Massen untereinander. Demnach sollten beispielsweise Fliehkräfte rotierender Körper verschwinden, wenn das restliche Universum «mitrotiert».

Aus dieser Überlegung folgt das Äquivalenzprinzip, welches besagt, dass die schwere Masse, die angibt, wie stark die durch ein Gravitationsfeld an einem Körper erzeugte Kraft ist, und die träge Masse, die durch das Kraftgesetz festlegt, wie stark ein Körper durch eine Kraft beschleunigt wird, äquivalent sind. Schon Galilei hat festgestellt, dass alle Körper unabhängig von ihrer Beschaffenheit im Gravitationsfeld der Erde gleich schnell fallen. Das hat zur Folge, dass ein Beobachter in einem geschlossenen Labor, ohne Information von außen, aus dem mechanischen Verhalten der ihn im Labor umgebenden Gegenstände nicht wissen kann, ob er sich in Schwerelosigkeit befindet oder im freien Fall. Eine brennende Kerze in einem auf der Erde frei fallenden Fahrstuhl erlischt, weil die Beschleunigungskraft des freien Falls die Gravitationskraft der Erdanziehung kompensiert. Deshalb gibt es auch keine Konvektionsströmung mehr (die warme, sauerstoffarme Luft steigt nach oben, kalte, sauerstoffreiche Luft strömt von unten nach), durch die Sauerstoff an den brennenden Docht transportiert wird.

Einstein hat dieses Äquivalenzprinzip verschärft und behauptet, der Beobachter kann durch kein Experiment den Unterschied zwischen Schwerelosigkeit und freiem Fall unterscheiden. Schwere Masse—die Kraft, die aufgrund eines Gravitationsfeldes wirkt—und träge Masse—die Kraft, die für die Beschleunigung einer Masse sorgt—sind gleich.

Die geniale Idee, die Einstein mit der Formulierung der allgemeinen Relativitätstheorie verfolgte, war, Gravitation nicht als Kraft zu betrachten, sondern als eine Geometrie von Raum und Zeit. Die Bilder auf der Homepage des Max-Planck-Instituts für Gravitationsphysik zeigen auf anschauliche Weise, was dies bedeutet.

Zur Vereinfachung wählen wir einen zweidimensionalen Raum. In ihm bewegen sich zwei Teilchen A und B in Abwesenheit äußerer Kräfte mit konstanter Geschwindigkeit auf geraden Bahnen.

→ Abb. 2

Wirkt eine Kraft auf beide Teilchen, werden sie beschleunigt. Wirkt die Kraft quer zur Bewegungsrichtung, sind ihre Bahnen nicht länger gerade. Folgendes Bild veranschaulicht zwei Teilchen, die beschleunigt aufeinander zulaufen und aufeinander treffen.

→ Abb. 3

Solange sie parallel laufen, wirkt keine Kraft. Sobald die Kraft wirkt, weichen die Teilchen von ihrer geraden Bahn ab. Beide Bilder beschreiben das, was geschieht, im Bild der klassischen Physik. Das folgende Bild zeigt die Alternative.

→ Abb. 4

Die Teilchen bewegen sich jetzt auf einer Kugeloberfläche und treffen sich am «Nordpol». Die Wirkung der Kraft—eine Abweichung von einer geraden Bahn—ist jetzt als Bewegung auf einer gekrümmten Oberfläche dargestellt. In der Allgemeinen Relativitätstheorie von Albert Einstein ist die Gravitation nicht mehr eine Kraft (Newton), sondern eine bestimmte Geometrie, eine Verzerrung der RaumZeit. In dieser Geometrie bewegen sich die Teilchen wieder auf so genannten Geodäten. Das sind die kürzesten Bahnen zwischen zwei Punkten. Nur sind die Bahnen nicht mehr gerade, sondern entsprechend der vorherrschenden Geometrie krumm. Entscheidend ist nun, dass die Krümmung von den Massen und deren Verteilung in der RaumZeit abhängt.

Zusammenfassung

Mit seiner Allgemeinen Relativitätstheorie gelang es Einstein, die Gravitation in das Gebäude der Speziellen Relativitätstheorie zu integrieren. Die RaumZeit der Speziellen Relativitätstheorie ist dynamisch, wird durch die in ihr enthaltene Materie verzerrt und beeinflusst ihrerseits, wie sich die Materie in dieser verzerrten RaumZeit bewegt. Dieses sich gegenseitige Bedingen der Struktur der RaumZeit und der Materie ist der Kern der Allgemeinen Relativitätstheorie von Albert Einstein.

Genau dieses gegenseitige Bedingungsverhältnis von Raum und Materie ist das Bindeglied zu Sou Fujimoto. Der japanische Architekt setzt Raum und Funktion in ein gegenseitiges Bedingungsverhältnis. Es gibt keine vorgegebene absolute Gestalt, in der die funktionalen Teile integriert sind. Unabhängige Teile fügen sich durch ihre spezifische Nutzung zu einem Ganzen. In einem Interview, das Norman Kietzmann mit ihm in Venedig anlässlich der Architekturbiennale 2012 führte, erklärt Fujimoto:

«Normalerweise gibt es in der Architektur immer einen großflächigen Boden, auf dem sich viele Möbel befinden. Ich wollte den Raum dagegen wie eine Landschaft organisieren, die sich über viele Stufen durch das Haus hindurch erstreckt. Man kann auf den ersten Blick keine spezifischen Funktionen erkennen und dennoch ist es voll von ihnen. Die einzelnen Stufen sind in der Höhe um jeweils 35 Zentimeter versetzt und können als Stuhl, Liege oder Tisch benutzt werden—oder eben nur als eine ganz gewöhnliche Treppenstufe.»

«Primitive Architektur» nennt Fujimoto seinen Ansatz, in dem erst die Bewohner dem Raum seine Funktion zuweisen. Er folgt damit einem Grundprinzip in der japanischen Architektur, wo es in traditionellen Wohnungen keine feste Raumaufteilung gibt. Verschiebbare Wände erlauben unterschiedliche Nutzungskonzepte. Die konventionelle Unterteilung in Etagen und Räume, die vor allem in der westlichen Architektur vorgegeben ist, weicht einem Konzept, in dem die Bewohner die Struktur und die Aufteilung eines Hauses definieren. Fujimotos Bauten haben keine festgelegten Räume, vielmehr eröffnen sie Möglichkeiten in ihnen zu leben. Mensch und Raum bedingen einander, so wie in der Allgemeinen Relativitätstheorie sich Raum und Materie bedingen.

Es könnte noch ein zweites Bild an der Wand im Büro von Fujimoto hängen. Fujimoto bezieht sich nämlich in seiner Architektur auch—bewusst oder unbewusst—auf die Chaosforschung, die heute eher unter vielen Namen wie z. B. «Theorie komplexer Systeme» firmiert.

Zur Klärung der Begriffe: Komplex ist nicht kompliziert und nicht das Gegenteil von einfach. Komplex wird ein Geflecht von Wechselwirkungen genannt, wenn aus der Kenntnis der Teile und ihrer Wechselwirkung nicht auf das Verhalten des Ganzen geschlossen werden kann. Umgekehrt bedeutet Komplexität auch, dass aus der Kenntnis des Verhaltens des Ganzen nicht auf die Dynamik des Einzelnen geschlossen werden kann. Das ist der Grund, warum Komplexität immer für Überraschungen sorgt. Etwas passiert und alle sind überrascht. Finanzkrise, Fukushima, der Fall der Mauer haben eins gemeinsam—sie sind Ereignisse, mit denen niemand gerechnet hatte. Obwohl man alles zu wissen glaubte, war die Überraschung groß.

Im Kern zeigen komplexe Phänomene, dass klassische Unterscheidungen wie Ordnung und Chaos, Wissen und Nicht-Wissen, Zufall und Notwendigkeit nicht mehr gemacht werden können. Das Doppelpendel, bei dem an den Arm eines Pendels ein zweites Pendel gehängt wird, zeigt die Gleichzeitigkeit von strenger Gesetzmäßigkeit und irregulärem Verhalten, die Gleichzeitigkeit von

Zufall und Notwendigkeit auf anschauliche Weise. Im Komplexen sind Ordnung und Chaos unauflöslich miteinander verschränkt.

Mit der Auflösung von Unterscheidungen spielt auch Fujimoto in seiner Architektur. Übergänge zwischen Innen und Außen sind nicht mehr eindeutig bestimmt. Diese Unterscheidung ist fließend und hängt vom Bewohner ab. Im eben schon zitierten Interview sagt Fujimoto:

«Mich haben Verläufe schon immer mehr interessiert als klare Trennungen. In traditionellen japanischen Häusern gibt es viele verschiebbare Wände. Schrittweise Übergänge zwischen Innen und Außen sind Teil unserer Tradition, nach der auch der Garten ein Teil des Hauses ist. (...) Ich denke, wir sollten Gebäude eher ein wenig unscharf sehen und eine Art Dialog zwischen den Räumen eines Hauses herstellen. Die Architektur wird dadurch nicht nur komplexer, sondern vor allem kommunikativer.» Zu sehen sind solche fließenden Übergänge in dem Objekt «Garden Gallery 2011» im Skulpturenpark in Köln. Hier spielt Fujimoto mit den Unterscheidungen Architektur und Skulptur, Innen und Außen sowie Architektur und Natur. Gleichzeitig eröffnen sich durch wenige «Fenster» dramatische Durchblicke auf die Landschaft des Parks.

Aber nicht nur Unterscheidungen werden verwischt, auch der Zufall wird als Gestaltungsprinzip integriert. Im Projekt «Treatment Centre for Mentally Disturbed Children» in Hokkaido ist dies umgesetzt—‹präzise Planung versus zufällige Landschaft› nennt Fujimoto sein Konstruktionsprinzip. Im Internet steht hierzu:

«As a result, although the space obeys a series of strict design directives, it appears as a random place, which is not planned at all. The place which is vague, unpredictable, ambigous, and filled with surprises. (...) The children adopt the place and create their activities around it.»

Vor diesem Hintergrund ist es nicht abwegig, auch in der Chaostheorie ein Leitmotiv für Fujimotos Architektur zu sehen. Die Chaostheorie aber hat viele Väter und so muss man sich nicht wundern, wenn ein zweites Bild im Büro von Fujimoto fehlt, welches auf diese Quelle verweist.

**In einem Haus zu wohnen
ist wie in einem Baum zu wohnen.**

Sou Fujimoto

Architektur, Raum und ihre Metaphern bei Sou Fujimoto

Friedrich Meschede

Architektur ist immer auf Zukunft ausgerichtet. Dieser Gedanke hat den Titel dieser Ausstellung hervor gebracht, die den architektonischen wie räumlichen Ideen und Konzepten des jungen japanischen Architekten Sou Fujimoto gewidmet ist. Wenn hier gleich zu Beginn zwischen Architektur und Raum unterschieden wird, meint dies, dass, obwohl eine Architektur neu sein kann, ein ihr zugrundeliegendes Raumverständnis jedoch konventionell geblieben ist. Die bisher von Sou Fujimoto vor allem in Japan realisierten Gebäude leisten eine Innovation beider Kategorien von Architektur und Raumverständnis. Das hebt seine Projekte ab von anderen Beispielen zeitgenössischer Architektur.

Ein Blick in die Vergangenheit belegt die Prämisse, dass nur Architektur diejenige unter den bildenden Künsten sei, die auf Zukunft ausgerichtet ist. Wenn wir uns bedeutsame Bauwerke vorangegangener Epochen in Erinnerung rufen und vergegenwärtigen, dass Baumeister zu jeder Zeit ihre Entwürfe auf Zukunft hin gedacht und entwickelt haben, dann unterliegt allein die Architektur diesem Diktum, vorausschauend, also futurospektiv vermöge ihrer kategorialen Bedingung zu sein. Es gilt für den westfälischen Barockbaumeister Johann Conrad Schlaun (1695–1773) ebenso wie für den in Westfalen tätigen amerikanischen Architekten der Kunsthalle Bielefeld, Philip Johnson (1906–2005). Die Überzeugung, dass Architektur innerhalb der Rangordnung der Künste diejenige sei, die allein auf Zukunft ausgerichtet ist, war schon von Walter Gropius (1883–1969) in der Präambel des Bauhaus-Manifests 1919 zum Ausdruck gebracht worden, wenn er einleitend schreibt: «Das Endziel aller bildenden Künste ist der Bau.» Diese selbstbewusste Haltung der Moderne des vergangenen Jahrhunderts wird sichtbar in den Bauausführungen seiner Zeitgenossen wie Ludwig Mies van der Rohe (1886–1969) oder Frank Lloyd Wright (1867–1959), Le Corbusier (1887–1965) oder Louis Kahn (1901–1974). Das sich vorauswünschende Zukunftsmoment von Architektur, die, bedingt durch technische Begrenzungen zu ihrer Zeit eine angestrebte Idee noch nicht umzusetzen imstand ist, belegt die letzte Abbildung im letzten Bauhaus-Buch aus dem Jahre 1929 von László Moholy-Nagy mit dem Thema «von material zu architektur», wenn eine Fotografie wie folgt untertitelt ist: «aus zwei übereinanderkopierten fotos (negativ) entsteht die illusion räumlicher durchdringung, wie die nächste generation sie erst—als glasarchitektur—in der wirklichkeit vielleicht erleben wird.»[1]

Im Winter 2011/12 war im Mori Art Center in Tokyo eine Ausstellung zu erleben, die erstmals der in der japanischen Architekturgeschichte als Metabolismus bezeichneten Architekturbewegung der 1960er-Jahre gewidmet war, sie trug den Titel: «Metabolism: The City of the Future, Dreams and Visions of Reconstruction in Postwar and Present-Day Japan». Auch hier ist noch heute wie damals von der Zukunft der Stadt die Rede. Im heutigen Tokyo ist aus der Vision von damals sicher etwas anderes geworden und architektonische Zeugnisse des Metabolismus sind selten zu finden. Ob sie heute als Erfüllung einer Utopie von damals gewertet werden können, ist fraglich. Das ist der Preis der auf Zukunft ausgerichteten Prämisse von Architektur, dass ihre Verwirklichung Zukunft in der Gegenwart beweisen muss. Das bezeugt jede Architektur im privaten wie öffentlichen Rahmen. Der Blick in die Zukunft stößt immer an die Grenzen der Gegenwart. Im Spiel mit dem Begriff Zukunft hat Sou Fujimoto seine erste Publikation aus dem Jahre 2008, in der er seine theoretischen Überlegungen darlegt, «Primitive Future» genannt, so als wolle er aus einer Vorform der Zivilisation Zukunft in der Architektur ableiten. «To consider innovative architecture of future is astonishingly equivalent to reflect on primitive architecture,» beginnt Fujimoto sein Vorwort.[2] Er denkt sich zurück in eine Epoche von Behausung vor den Anfängen von Architektur, als sie in einem Bereich nebulöser Spuren des Menschen entstand. Aus diesem Gedanken entwickelt Sou Fujimoto in seiner Schrift zehn Kapitel, in denen er die Bedingungen menschlichen Wohnens aufzeigt, und er schließt sein Vorwort wie mit einem Aufruf an die Zukunft: «Primitive future is full of promising projections.»

In zehn Kapiteln gibt Sou Fujimoto sein Ziel vor, das er seither mehrfach in Interviews vorgetragen hat: Einhundert Jahre nach und mit den Erfindungen innovativer Raumdispositionen jener Heroen des 20. Jahrhunderts, die oben schon genannt wurden, und auf der Suche nach Architektur, bevor sie Architektur war, will er diese Gattung neu denken und entwerfen. Hierzu bedient sich Fujimoto symbolisch aufgeladener, archaisch anmutender Begriffe wie dem Motiv der Höhle oder der Gestalt eines Baumes. Er bedient sich Bildern analog zur Natur, aber ihre Transformation zielt auf neue Raumerfindungen, die diese Wurzeln der Metaphern des Primitiven nicht sofort preisgeben. Die erste Kapitelüberschrift in «Primitive Future» ist betitelt mit «Nest oder Höhle» und verweist auf nicht-architektonische, naturgegebene Urformen schützender Behausungen. Mit der Idee seiner «Wohnmaschine» habe Le Corbusier die Urform dessen geschaffen, was Fujimoto als Nest bezeichnet. Er will aber noch einen weiteren Schritt zurückgehen, indem er die Höhle zur Umgebung definiert, in der Funktionen nicht bereits vorgeprägt sind und sie als Ort deshalb auffordert, sich Möglichkeiten zu erforschen. Insbesondere die Höhle ist als ein Raum und Bild von einem Raum ohne jedwede Gliederung und jedwedes Inventar zu begreifen, in dem man sich an bestehenden Vorgaben zu orientieren hat, um zu stehen, zu sitzen, zu liegen, als den drei Grundformen körperlicher Haltungen im Raum.[3]

Es folgt im zweiten Paragraphen eine grafische Bildfolge, mit der Fujimoto die gänzlich andere Vorgehensweise seines Denkens zur Darstellung bringt, indem er, ausgehend vom Bild einer Bach-Arie (BWV 988), darlegt, wie er in jener Notenkomposition, die nicht mehr von der Struktur der Linien gehalten wird, gedanklich neue Bezüge sucht. «Noten ohne Strophe—die neue Geometrie» lautet dazu die Überschrift. Mit Bezug auf eine Bach'sche Arie, in der ein absolutes Zeitmaß den harmonischen Fluss als Eindruck des Homogenen evoziert, sieht er eine Analogie zu Mies van der Rohe. In der Darstellung der Noten ohne die strukturierenden Linien aber befreit man die Noten zu einer neuen Ordnung mit dem Ziel, sie in vielerlei Richtungen zueinander neu zu «komponieren». Aus diesem Bild heraus hat Fujimoto jene scheinbar zufällige Konstellation von «5 Strophen» aus 25 Quadraten entwickelt, die ihm als Covergestaltung zu seinem Buch dient und die somit programmatisch zu verstehen ist als ein Öffnen von Raum in alle Richtungen, und zugleich visualisiert dies die Grundrisskonstellation eines seiner gebauten Projekte, des Rehabilitationszentrums für Kinder in Hokkaido. Mit Bezug auf die Musik spricht man von einem Resonanzraum, wenn Schallwellen durch ihre Schwingungen körperlich wahrnehmbar werden. Resonanz bei Fujimoto könnte bedeuten, Architektur wieder körperlich als Raum eigener Orientierung erlebbar zu machen. So folgt im dritten Kapitel mit «Trennung und Verbindung» die Vorstellung: «Space is relationship». Der Ursprung von Architektur muss sich aus dem Erleben von Distanz konstituiert haben; Distanz bestimmt den Grad einer Beziehung zwischen Personen und Objekten: «those cadences of space».[4] Auch hier bedient sich Fujimoto einprägsamer Grafiken: eine Wand ist ein schwarzer Strich, sein Raumverständnis hingegen sucht die vielen Nuancen von Schwarz hin zu Weiß.[5]

Von hier führt der Gedanke zum vierten Kapitel der Stadt als Haus, dem Haus als Stadt, paradigmatisch auf Tokyo bezogen: «There will be a new emergence of architecture at the moment when a city becomes a house, and simultaneously neither a city nor a house.»[6] Das Kapitel 5 wendet sich nun dem einzelnen Haus zu, dem Platz des Individuums in der Stadt und Fujimoto nennt es einen «baum-ähnlichen Platz» und beginnt mit der Feststellung: «To live in a house is akin to living in a tree», was wir zum Motto unserer Ausstellung erhoben haben: «In einem Haus zu wohnen ist wie in einem Baum zu wohnen».[7] Die Begriffe «wohnen» und «leben» sind hier nahezu synonym zu verstehen, unsere Entscheidung, es als «wohnen» zu interpretieren, will den Fokus stärker auf den praktischen Aspekt des Alltäglichen lenken, weil sich dies am Beispiel von Haus NA, dessen erste Entwürfe hier 2008 veröffentlicht werden, radikal nachvollziehen lässt; die Raumdisposition ist dem «Aufrissschema» eines Baumes nachempfunden. Dadurch können Menschen neue Koordinaten eines Raumsystems entdecken durch das Durcheinander (Chaos) bestimmter wie unbestimmbarer Elemente wie an einem Baum oder in einem Wald. Die Erfahrung von Wald, in dem unterschiedliche Erfahrungen räumlicher Tiefe gemacht werden können, die Graduation verschiedener Lichteinfälle, die von «Lichtungen» zu dunklen Zonen sich erstrecken, faszinieren Fujimoto als Bild, womöglich auch nach eigener Erfahrung der Gegend im Norden Japans, aus der er stammt, diese Metapher lässt sich jedenfalls als Leitmotiv vieler Umschreibungen von Raumerlebnissen ausmachen. In konsequenter Fortschreibung dieses Bildes denkt Fujimoto den Beginn von Architektur in einem Nebel, der unterschiedliche Stufen der Dichte aufweist, es unbestimmbar belässt, ob man innen oder außen ist, was prägend wird für House N.[8], und in dem 6. Kapitel bis zu einer Zeichnung von Fujimoto aus dem Jahre 1995 zurückgeht, die er «House of Infinity» genannt hat, in der Schachteln in Schachteln dieses Raum-im-Raum Denken visualisieren.[9]

Kapitel 7 und 8 führen zu Grundmotiven einer Struktur wie der Spirale oder dem Garten, um in Kapitel 9 zu «Before House and City and Forest» zu kommen; er fordert auf, sich eine Zeit vorzustellen, in der der «place to be» noch nicht differenziert war- dass dann ein Haus wie eine Stadt und ein Wald ist: «It is like a small Earth. It would be the most primitive and the most futuristic architecture».[10] Das Buch schließt im 10. Kapitel mit «Before Matter and Space», und es führt uns zur Findung des Final Wooden House, in dem die Grenzen zwischen Masse (erzeugt durch Volumen) und Masse (erwirkt durch Raum) verschwimmen. Materie und Raum bedingen einander wie Klang und Stille. Das Unbestimmbare, das immer ein «sowohl als auch» sein will, durchzieht die Schrift «Primitive Future» von Sou Fujimoto wie ein weiteres Leitmotiv und gibt damit in vielschichtigen, aber ähnlichen Bildern und Metaphern vor, was im programmatischen wie widersprüchlichen Titel zusammengefasst ist. Es ist auffallend, wie ähnlich Sou Fujimoto von Kapitel zu Kapitel seine Ansichten entwickelt und er scheint sich hier an der Struktur jenes Buches zu orientieren, das vergleichbar systematisch das «Neue Bauen» in Deutschland der 1920er-Jahre dargelegt hat, Bruno Tauts Publikation «Ein Wohnhaus», erschienen 1927 in der Franckh'schen Verlagsbuchhandlung W. Keller & Co, Stuttgart. Bruno Taut (1880–1938) dürfte für Sou Fujimoto von essentieller Bedeutung sein, weil Taut durch sein Exil in Japan von 1933 bis 1936 das Bewusstsein für die historische japanische Baukultur geprägt hat. Taut besucht am 4. Mai 1933 gleich nach seiner Ankunft in Japan die Villa Katsura in Kyoto und «entdeckt» sie in ihrer künstlerischen Qualität. Das erste Buch «Nippon mit europäischen Augen gesehen» verfasste er nach nur zwei Monaten in Japan im Juli 1933. Es erschien 1934 in japanischer Sprache und wurde bald schon vom japanischen Kulturministerium als allgemeine Schullektüre empfohlen.[11] Taut verfasst danach ein Buch über Japans Kunst, schließlich 1936 ein Buch über das japanische Haus und sein Leben. Die Faszination für japanische Architektur wird auch von Walter Gropius geteilt, der 1955 darüber im Yale Architectural Journal berichtet.[12] Es dürfte neben den bedeutsamen Architekten Walter Gropius und Bruno Taut, die sich theoretisch über Architektur geäußert haben und darin Vorbild für Sou Fujimoto und seine Schrift «Primitive Future» sind, eine weitere Quelle seine Denkens geben, die in der Physik verankert ist.

Mit Bezug auf die Naturwissenschaft setzt Sou Fujimoto seinen Raumbegriff an, den sein Vorbild Albert Einstein um 1902 mit der so bezeichneten Allgemeinen Relativitätstheorie in die Welt gesetzt hat, dass sich nämlich Raum erst aus den Beziehungen von Körpern zu einander ergibt und es den absoluten Raum als solchen nicht gibt.[13] Wer diese Erfüllung der Einstein'schen Relativitätstheorie als gebaute Gegenwart erleben möchte, wer «Ein Wohnhaus» (Bruno Taut) erleben möchte, das sich als radikal anders erweist, der muss sich in das 2007 begonnene und 2011 fertig gestellte House NA in Tokyo begeben. Mit dem Betreten dieses Hauses überschreitet man die Schwelle zu einem neuen Architekturzeitalter. Der Struktur der übereinander angelegten Funktionen liegt als Analogie der «Aufriss» eines Baumes zugrunde, hier erlebt man die Idee einer «Primitive Future» und die Möglichkeit, Einsteins theoretische Raumkonzepte physisch nachzuvollziehen, um Sou Fujimoto zu verstehen.

Ich kannte den Entwurf aus Modellen.[14] Fujimoto hatte 2007 den Auftrag erhalten, sich über eine kleine Parzelle in Tokyo Gedanken zu machen, sein Entwurf war schon publiziert, bevor das Haus bezogen werden konnte. Von diesem Modell ausgehend, war bei mir die Erwartung suggeriert, eine freistehende architektonische Struktur vorzufinden, quasi ein Haus ohne Wände. Tatsächlich befindet sich House NA eingebettet in eine kleinteilige, fast dörfliche Struktur einer typischen japanischen Wohnstraße mit ihren engen Proportionen. House NA ist von außen betrachtet weniger spektakulär, als man es vom Bild des Modells erwartet hat, tatsächlich erkennt man keine Wände, es erscheint wie eine Gerüststruktur aus vertikalen Stangen und horizontalen Bodenflächen. Auf den zweiten Blick erkennt man die Raumgrenzen als gläserne Kuben.

Man tritt ein und hat unwillkürlich ein Raumerlebnis, das so zuvor noch nie erfahren werden konnte. Man steht vor einem stufenartigen Holzblock, der den Blick in einen dahinter liegenden Raum teilweise versperrt und zugleich auffordert, zwei Stufen höher zu steigen. Man tut dies und steht erneut vor einem weiteren Trittblock und erneut vor Einblicken in höher und tiefer gelegene Räume. Es folgt eine Treppe, die unverbunden ist, angelehnt erscheint. Es gibt Stufenelemente, die wie provisorische skulpturale Hilfsmittel erscheinen, um von einer Ebene zur nächsten zu gelangen; rückt man sie ein Stück weit woanders hin, ist der Aufstieg verhindert, verschiebt man sie, führt ein anderer Weg zur nächsten Stufe. Die Überwindung einer Distanz zum weiteren Aufstieg im Haus ist im Maß einer Trittlänge angelegt. Nach zwei oder drei Ebenen glaubt man in der Mitte der Konstruktion zu stehen und nahezu alle «Etagen» des Hauses gleichzeitig zu sehen. House NA besteht aus einzelnen, so zueinander versetzten horizontalen Flächen, dass man auf einer stehen, auf der nächst höheren sitzen kann, auf einer weiter höher gelegenen etwas ablegen könnte, und die wiederum höhere Fläche stellt die Decke eines Raumsegments dar. Jede Ebene wirkt wie ein Balkon sowohl nach außen als auch nach innen. Jedes Stufenelement verbildlicht dieses Dazwischen – Sein. Diese vielfältig zueinander versetzten Ebenen werden in House NA—erdbebensicher—von vertikalen, filigranen Stahlstützen getragen, welche von Ebene zu Ebene über die gänzlich freistehenden Stufenelemente in die Höhe geführt werden.
Die Stufenelemente wirken wie Skulpturen, wie verspielte Hilfsmittel, um den Versprung zwischen den Ebenen überhaupt überwindbar machen. Wohl deshalb titelt das niederländische Architekturmagazin MARK, auf dessen Titelseite in der Februar/März-Ausgabe 2012 House NA erscheint: «Mind the Gap».[15]

Man steht wie auf einem Ast in einem Baum, und ein Baum hat auch keine Wände. Der Standort ist der Mittelpunkt des Raumes und er verschiebt sich entsprechend mit jedem weiteren Schritt im Ensemble dieser Zusammenfügung kleiner Flächen bei unterschiedlichem Höhenniveau. Diese Ebenen sind Decke und Boden zugleich, Arbeitsplatte und Sitzbank. Die herkömmliche Bestimmung eines jeden Raumes ist suspendiert oder wird durch wenige ausgewählte Requisiten in Erinnerung gerufen, wenn ein Tisch nahe des Küchenbereichs den Ort für die Mahlzeiten vorgibt oder ein Computer andeutet, dass der Eigentümer dort arbeitet, oder wenn man unvermittelt vor einem Duschkopf steht und offensichtlich den Bereich «Bad» erreicht hat.
Die Außenwände von House NA sind aus Glas, das heißt, alles ist jederzeit sichtbar und transparent, eine Struktur aus in Stahlprofilen gerahmten Schachteln. Raumbegrenzungen und Privatheit am Abend oder die Intimität der Körperpflege werden durch textile Vorhänge erzielt. Gleichzeitig lässt die Einbettung des Hauses in diese Parzelle es weniger offen und öffentlich erscheinen, als es das Modell suggeriert. Die urbane Situation gibt Schutz und vermöge der Transparenz hat man auch Anteil an ihr. Es ist wie bei einem belaubten Baum: Man kann durch das Blätterwerk hindurch sehen, aber man ist dem Blick nicht ausgeliefert, weil das offene Blätterwerk zugleich auch schützt.

Architektur wird gemeinhin als eine praxisorientierte Baukunst aufgefasst. Dieser Aspekt setzt sie als Kunstform von jenen Künsten ab, die im Kant'schen Diktum eines «interesselosen Wohlgefallens» keinerlei Funktion zu erfüllen haben und sich dadurch als «frei» definieren.
So lautet entsprechend das Idiom «form follows function», das den Gestaltungsleitfaden von Architektur und Design der Moderne vorgibt und das in dieser plakativen Ausdrucksweise dem amerikanischen Architekten Louis Sullivan (1856–1924) zugeschrieben wird. Genau dieses Grundgesetz von Architektur als Auftrag an ein funktionierendes Raumgebilde setzt Sou Fujimoto außer Kraft. House NA ist zunächst unpraktikabel, und jedes einzelne Stufenelement, jede Ebene ist die Metapher dessen. Man steht vor einer Herausforderung. Ein Haus ist Ort des Bleibens, der «Immobilität», aber hier vermittelt jedes einzelne Stufenelement Mobilität. Man bewegt sich auf und ab zwischen den Ebenen, ohne Gewissheit darüber zu erlangen, wo ein Zentrum sein könnte, wo das «funktionale» Ziel des Auf- und Absteigens hinführt. Der Auftraggeber und heutige Bewohner von House NA muss ein mutiger Charakter sein, weil er bereit war, sein Leben, seine Bewegungsabläufe und Gewohnheiten zu ändern, als er hier einzog. Auf die Kritik, er habe mit House NA doch eher «lifestyle» entworfen als ein Haus, antwortet Fujimoto: «I would say that I found a lifestyle: that of my clients. All I did was to lend it shape.»[16]

Abgesehen davon wäre dieses Haus hierzulande niemals genehmigt worden; Erdbebensicherheit in Japan garantiert noch keine Genehmigung einer Bauaufsichtsbehörde in Europa. Dieser Aspekt des im Verständnis einer Mehrheit Unpraktischen stellt House NA noch stärker in den Kontext innovativer Kunst und belegt, dass es wichtig ist, die Ideen Fujimotos in einem Museum auszustellen, weil es um Innovation und die Erschaffung eines neuen Raumerlebnisses geht, aus dem die Bewohner von House NA ihre neue Identität beziehen. Mit diesen Überlegungen befindet sich House NA in guter Gesellschaft.
Im Frühjahr diesen Jahres wurde die Villa Tugendhat von Mies van der Rohe aus dem Jahre 1931 in Brno wieder hergestellt, Alan Posener nennt sie in der Welt am Sonntag vom 1. April 2012 «eine Zumutung» und schon damals ließ die Berliner Architekturzeitschrift «Form» durch ihren Kritiker Justus Bier fragen: »Kann man in diesem Haus wohnen?» Eine Aussage von Ludwig Hilbersheimer über die Villa Tugendhat, der zuerst über sie publizierte und die Posener auch zitiert, kann direkt auf House NA übertragen werden: «Keine Fotoaufnahme dieses Hauses kann einen richtigen Eindruck vermitteln. Man muss sich im Raum des Hauses bewegen—sein Rhythmus ist wie Musik» (Hilbersheimer).

Allzusehr sind die historischen Dokumente des Bauhauses und anderer Errungenschaften der Moderne heute musealisiert und nicht mehr in ihrer Funktion lebenstüchtig. Umso wichtiger erscheint es, vom Museum aus eine neue Zukunft zu entwerfen, die ein Schema eindimensionalen Verständnisses von Architektur als auf Funktion und Nutzwert reduzierte Tätigkeit aufbricht.
Ob es eine verwirklichte Utopie ist, so zu leben wie es House NA erfordert, stellt heute die Autorin des MARK-Interviews wie schon Justus Bier in Frage.[17] Der Aufenthalt, ja das Wohnen

in jenem Haus ist jedenfalls eine permanente Bewegung in eine Zukunft, die von völlig anderen Raumvorgaben geprägt werden wird und deshalb die Erfahrung von Raum bereichert.

Dieses andere Raumverständnis konnte Sou Fujimoto erstmals seit 2005 mit dem Final Wooden House verwirklichen. Das Bauwerk, 2008 fertig gestellt, ist seiner äußeren Gestalt nach ein Kubus mit den Kantenlängen von 4,20 x 4,20 Meter, bestehend aus geschichteten Massivholzbalken. Es befindet sich im Süden Japans nahe der Stadt Kumamoto. Im Inneren wurde Raum durch das Weglassen von Balkenmaterial in unterschiedlichen Ausmaßen geschaffen, was umgekehrt zu dem führt, was in dem Haus praktiziert werden kann: Einige Elemente dienen dazu, darauf sitzen zu können, einige Balkenvorsprünge wirken wie ein Tisch, andere werden zu regalartigen Ablagen, die zugleich Schlafstätte sein könnten. Alles in allem bestimmt derjenige, der sich im Haus aufhält, durch sein Verhalten und seine Bewegung den Nutzen einer Form. Final Wooden House ist diese «Höhle», «before matter and space», hier jedoch in eine Künstlichkeit gesteigert, weil komponiert aus der Vorgabe «gemauerter» Balkenelemente. Die spielerische Abwandlung in «function follows form» könnte in dieser Prägnanz die radikale Umkehrung der Verhältnisse deutlich machen, aber dies würde bedeuten, sich noch am absoluten euklidischen Raumbegriff zu orientieren. Die multifunktionalen Möglichkeiten und die nach allen Richtungen hin offenen Dimensionen ein und derselben Form im Final Wooden House zwingen den Nutzer, sich seinen Ort zu erschließen, und es macht den Unterschied aus, der hier als der Einstein'sche Raumbegriff von Sou Fujimoto bezeichnet werden soll, weil in ihm die Partizipation und Motorik menschlicher Bewegung im Raum konstitutiver Teil der Definition ist.

Final Wooden House aus den Jahren 2005 bis 2008 und das seit dieser Zeit konzipierte House NA sind wie Zwillinge eines Raumbegriffs, trotz der gegensätzlichen Ausprägungen. Dort das massive schützende Holzhaus (Cave/Höhle) in der freien Waldlandschaft, ein Cottage-Gebäude, wie es im angelsächsischen Kulturraum beheimatet ist, oder auch ein maison de plaisance französischer Prägung, dann das offene Stadthaus (Nest) auf schmalem, weil begrenztem und teurem Grundstück inmitten der Metropole Tokyo. Es ist Sou Fujimoto gelungen, spielerisch das Dogma von der ausschließlichen Nutzbarkeit außer Kraft zu setzen mit dem Ziel, Architektur und ihren Raum als körperliche Erfahrung durch Bewegung des Betrachters respektive Nutzers erlebbar zu machen. Fujimoto hat eine faktisch kleine Grundfläche in ein maximales Raumempfinden transformiert. Man mag einwenden, dass dies auch in anderer Architektur schon der Fall war.
Aber niemals zuvor hat das Körperverhalten des Nutzers die möglichen Funktionen der unterschiedlichen Orte innerhalb eines Hauses so stark definiert.

Die Begrifflichkeit einer traditionellen Architekturbeschreibung versagt, denn das besondere des Final Wooden House liegt in der Tatsache, dass die massiven Balkenelemente verwendet werden wie Mauerwerk. Das Stapeln der Balken zu einem Volumen schafft vermöge des Verbundsystems jenen offenen, in alle Richtungen gleichwertigen Raum, den es vor Augen führt. Die klassische Polarität von Lasten und Tragen ist aufgehoben, Oben und Unten werden zu Kategorien, die nur vom eigenen Standpunkt aus als solche bezeichnet werden können. Die Frage danach, was noch aus der Geschichte kommt und sich auch schon davon absetzt, wandelt sich zur weitaus dringenderen Fragestellung danach, wie dieser Raum geschaffen wurde und wie in ihm gelebt werden muss, um ihn überhaupt für sich nützlich zu machen. Es vollzieht sich—analog zum Wechsel der Ebenen in den Häusern NA und Final Wooden House—ein Wechsel der Betrachtungsperspektive: House NA kann nicht aus dem Blickwinkel herkömmlicher Auftragsarchitektur betrachtet werden. Die tägliche Nutzung dieses Gebäudes zwingt uns, es aus der Haltung des Bewohners heraus zu begreifen; wie Fujimoto es gesagt hat, hat er den Charakter des Kunden erkannt und dafür eine Form gefunden. Deshalb ist diese Architektur auch aus dem Blickwinkel einer soziologischen Perspektive zu betrachten und zu analysieren. Sou Fujimoto hat mit Final Wooden House und noch mehr mit House NA kein repräsentatives Statussymbol geschaffen, das seiner Funktion nach—man denke an Kirchen, Parlamente oder andere offizielle, Gemeinschaft stiftende Gebäude—zu bestimmten Anlässen genutzt wird und deshalb mittels seiner Gestaltung eine Überhöhung der Form anstrebt. Letzteres hat er durch die Teilnahme am Wettbewerb zum Taiwan Tower nun erstmals praktiziert.[18]
Sou Fujimoto hat mit House NA eine allgegenwärtige Form geschaffen, weniger dem Verständnis nach, dass dieses Haus zu jeder Zeit dem Nutzer und seinen Lebensbedürfnissen dient, vielmehr dient der Bewohner dem Haus, weil er sich den Vorgaben des Raumkonzepts nicht entziehen kann.

Wenn Sou Fujimoto herausfordernd, aber still und höflich, es als seine Lebensaufgabe beschreibt, sich der Architektur seit ihren Errungenschaften des 20. Jahrhunderts neu zu stellen, dann sicherlich auch vor dem geschichtlichen Hintergrund, dass sowohl der Metabolismus Japans, als auch zuvor Entwürfe Le Corbusiers und im deutschsprachigen Raum die Vertreter des «Neuen Bauens», wie Bruno Taut, Walter Gropius und Ludwig Mies van der Rohe begannen, Bauen aus sozialer Notwendigkeit und Architektur aus soziologischer Verantwortung zu verstehen. Das war neu im 20. Jahrhundert und sprach der Architektur Bauaufgaben zu, die aus Bedürfnissen der Gesellschaft abgeleitet werden und nicht auf Repräsentation reduziert sind. Es ist die Errungenschaft, das Erbe und die Wirkung der Ideen «aller bildenden Künste» (Gropius) des Bauhauses, Ästhetik in der Gestaltung mit Nutzen einer Form zu verbinden und sie für Jedermann in den Alltag zu integrieren. Kunst ging in die Produktion, auch die Architektur, wie die Weißenhofsiedlung in Stuttgart Ende der 1920er-Jahre, die Siedlung Dessau-Törten, die Hufeisensiedling in Berlin oder nach dem Zweiten Weltkrieg der Wiederaufbau des sogenannten Hansa-Viertels in Berlin es bezeugen. Hier treffen sich Utopien in Europa mit denen des Metabolismus in Japan: «dreams and visions of reconstruction in postwar and present day», wie die Ausstellung in Japan hieß. Architektur und die Notwendigkeit des Wohnens in neuen Gebäuden wurden prägender Teil der Stadtentwicklung. Mit stilprägenden Bauaufgaben für das individuelle Wohnen, das die Moderne des 20. Jahrhunderts und ihre Protagonisten neu erfinden wollten (Le Corbusier, Walter Gropius, Bruno Taut), wechselt die Architekturbetrachtung von reiner Stilgeschichte über in die Soziologie. Architekten wollen Verantwortung für das Gemeinwohl übernehmen. Damit kommt ein anderes Bewusstsein von Architektur zum Ausdruck, das unser Leben heute stärker prägt als in vorangegangenen Epochen, weil es jeden Einzelnen betrifft. «In den 1960ern und 1970ern gab es zwar architektursoziologische Interessen. Ihnen ging es aber vor dem Hintergrund des autogerechten, kompromisslosen modernen Wiederaufbaus der deutschen Innenstädte vornehmlich um eine normative Architekturkritik, eher also um eine soziologische Belehrung der Architekten als um architektursoziologische Theorie und Gesellschaftsdiagnose. (...) Die Architektursoziologie analysiert konkrete architektonische Phänomene in Hinsicht auf die Gesellschaft. Sie interessiert sich nicht für das Soziale in der Stadt, sondern für die sozial höchst wirksame gebaute Gestalt der Städte. Architekturen verschaffen auf einer mikrosoziologischen Ebene dem individuellen menschlichen Körper Bewegungsräume und Blickweisen und haben damit einen direkten Bezug zu den sozialen Interaktionen», schreiben Joachim Fischer und Heike Delitz in ihrer Einführung zur Architektur der Gesellschaft.[19] Oder mit Walter Gropius bilanzierend gesprochen: «What is the relationship of this form of life to art and architecture today? In a long life I have become increasingly aware of the fact that the creation and love of beauty not only enrich man with a great measure of happiness but also bring forth ethcial powers.» [20]

Dieser Erkenntnis folgt die Intention dieser Ausstellung, einzelne, herausragende Projekte vorzustellen, die «soziale Interaktion», ästhetische Bereicherung und ethische Werte einlösen, wozu bereits in diesem Verständnis auch ein Museumsbau wie die Kunsthalle Bielefeld selbst beiträgt. Hier ist eine Beziehung aufzudecken, die zwei historische Momente miteinander in Verbindung bringt, die damals so noch nicht zusammen gedacht werden konnten. Im Jahr 1968 wurde die Universität Bielefeld ins Leben gerufen—Niklas Luhmann war ihr erster Professor, die Sozialwissenschaften wurden von hier aus ein eigenständiges Fach. In Bielefeld entstand die erste soziologische Fakultät im deutschsprachigen Raum. Man darf vielleicht sogar so weit gehen zu sagen—in metaphorischer Kürze—dass die heute so bezeichnete Luhmann'sche Systemtheorie in ihrem Feld sozialer Kommunikation etwas von dem vorweg nimmt, was, nach Albert Einstein in der Physik, Sou Fujimoto als die Zukunft der Architektur beschäftigt.

Nach diesem Exkurs in die Architektursoziologie ist unter diesem Aspekt die erste Bauaufgabe von Sou Fujimoto wegweisend: Die beiden frühesten von ihm gebauten Projekte sind Anlagen für kranke bzw. geistig behinderte Kinder, «M-Hospital Day Care Centre» aus dem Jahre 2000, dem Gründungsjahr seines Büros in Tokyo und das «Rehabilitation Dormitory for Mentally Disabled» aus dem Jahre 2003. Beide Bauaufgaben sind auf der nördlichen Insel Hokkaido gelegen, wo Sou Fujimoto aufgewachsen ist. Sein erster Auftraggeber war sein Vater, Arzt und Direktor jenes Rehabilitationszentrums aus dem Jahre 2003. Es besteht aus mehreren frei stehenden Häusern. Die Herausforderung bestand darin, einen Ort zu schaffen, der ganztägig über Wochen und Monate hinaus Bleibe ist für die Bewohner. Die Patienten, die sich dort aufhalten müssen, sind in ihrer Freiheit eingeschränkt. Es gibt keinen Wechsel von Kommen und Gehen. Sou Fujimoto schuf eine größtmögliche Vielfalt innerhalb der Grenzen des Möglichen, indem er einzelne Häuser schuf, die in der Vielzahl ein «Dorf» bilden, eine Ansammlung von typologisch unterschiedlichen Hausformen also, was am Wechsel der Dachformen ablesbar wird, die sowohl individuelle Räume schaffen als auch jenen gesellschaftlichen Zusammenhang herstellen, der ein Krankenhaus auszeichnet. Der Grundriss zu dieser Anlage tritt abstrahiert erneut auf in der Covergestaltung des Buches «Primitive Future» und bekräftigt damit den programmatischen Charakter beider.

Ein linguistisches Phänomen des Japanischen wurde für mich am Beispiel dieses Rehabilitationszentrums beiläufig deutlich und signifikant, als mich Miyuki Terai, eine japanische Kunsthistorikerin in Berlin, die für unser Ausstellungsprojekt gearbeitet hat, eher nebenbei darauf hinwies, dass das Japanische in der Wortbildung mit Substantiven keinen Plural kennt. Die Mehrzahl einer Sache bzw. eines Gegenstandes ergibt sich aus dem Kontext oder, ganz selbstverständlich, aus dem vorangestellten Adjektiv. Am konkreten Beispiel bedeutet dies, im Japanischen gibt es nicht die Möglichkeit im Plural von Haus, von Häusern zu sprechen. Japaner sprechen von «mehreren Haus». Ich denke, dies ist bedeutungsreicher als es im ersten Moment erscheint, denn es erklärt die Anlage von Hokkaido in ihrer verblüffenden Einfachheit: ein Haus neben einem Haus neben einem Haus neben einem Haus usw. Aufgrund dieses fehlenden Plurals, den ich nun zugespitzt als den fehlenden Zusammenhang im Sinne einer Vereinheitlichung deuten möchte, ist schon rein sprachlich ein anderer Raumbegriff angelegt, der sich aus der notwendigen Beziehung zwischen Baukörpern ergibt. Albert Einsteins Allgemeine Relativitätstheorie, so möchte ich es deuten, ist in der Grammatik der japanischen Sprache in dieser Besonderheit eines fehlenden Plurals enthalten. Dies ist selbstverständlich eine «Fehlstelle», die nur aus europäischer Sicht auszumachen ist, denn ein Japaner versteht ebenso selbstverständlich nicht, warum z.B. die deutsche Grammatik diese Pluralform hat. Begriffe prägen das Denken, und ihre Bedeutungsunterschiede in verschiedenen Sprachen machen einen wesentlichen Teil der unterschiedlichen Kulturen aus. Dies lässt sich am Beispiel Raum nachvollziehen, einem nicht näher definierten Begriff im Deutschen, der im Englischen unterschieden wird als space oder room. Der Komplexität des Raumbegriffes widmet auch László Moholy-Nagy in dem bereits erwähnten Bauhaus-Buch «von material zu architektur» das vierte Kapitel und führt eine sprachlich umfassende Typologie an.[21]

Begriffe beinhalten Abstraktion, mehr noch, ein Begriff ist nichts anderes als ein Abstraktum. In diesem Zusammenhang ist schließlich ein so abstraktes Raumverständnis, das im japanischen Begriff Ma zum Ausdruck kommt, als vielfach komplexer zu begreifen, weil wir es nicht verstehen. Zunächst existiert gar kein sprachliches Äquivalent dafür in einer europäischen Sprache, man übersetzt es als «negativer Raum», umso bedeutungsvoller sind diese beiden «magischen» Buchstaben im Japanischen. Ma meint in einer ersten Lesart soviel wie Zwischenraum, ein Intervall, zwischen etwas und etwas, das wiederum in der weiteren Deutbarkeit als Raum mit unbestimmter Dimension verstanden werden kann, oder auch als jene «Stille» und Pausen zwischen Noten, die Musik ausmacht. Ma ist Abstand zwischen Menschen, um ihre Stellung zueinander zu umschreiben. Ma ist ein Begriff, der einen Bewusstseinszustand andeutet, einen Denkraum, der in letzter Konsequenz vielleicht gar nicht kommunizierbar ist, aber Bewusstsein und Verhalten eines Japaners und seines Verständnisses von Raum umso mehr prägt, weil er Teil seiner Kultur ist. Ma ist in seiner Vielschichtigkeit an Bedeutung Atmosphäre und damit allgegenwärtig, ohne sichtbar, ohne ausgesprochen zu sein. Es ist eben der Begriff, der in den Texten von Sou Fujimoto nicht auftaucht, dafür umso stärker in seiner Abwesenheit anwesend ist.

Die Reflexion über Raum wird in einem weiteren Bauwerk vorgenommen, das im Jahre 2011 fertig gestellt wurde und Reflexionen über Raum und Zukunft gleich beim Betreten auslöst. Es ist die Universitätsbibliothek auf dem Campus der Musashino-Kunsthochschule in einem Außenbezirk von Tokyo. Das Gebäude erscheint auf den ersten Blick ausschließlich wie aus leeren Buchregalwänden gebaut. Vom Boden bis zur Decke türmen sich Regale auf und bilden so als serielle Struktur leerer Kastenformen die Wände, die ihrerseits im Grundriss nach dem Bild einer geometrisierten Spirale angeordnet sind. Sou Fujimoto verweist auf die Erzählung «Die Bibliothek von Babel» (1941) des argentinischen Dichters und Bibliothekars Jorge Luis Borges (1899–1986), die ihn inspiriert habe.[22] Diesem konkreten Beispiel phantastischer Literatur ist das Bild der Spirale entlehnt als Metapher des Unendlichen, was auch eine Interpretation von Zukunft ist. Man verliert sich in diesem Gedankengebäude. Unter den Aspekten Architektur, Zukunft und unserem neu hinzugefügten Begriff der Soziologie können die leeren Buchregale in entgegengesetzter Weise gedeutet werden: Einerseits kann man sie als Aufforderung an zukünftige Generationen von Studenten deuten, dieses Vakuum mit ihrem zukünftigen Wissen zu füllen. Andererseits lassen sich die leer bleibenden Regale auch als Ausdruck unserer Gegenwart verstehen, in der es in einer zukünftigen Welt mehrheitlich digitalisierter Kommunikation keine Bücher mehr geben wird. Die gesamte Raumhöhe besteht optisch aus Regalen, sie bilden gar die Fassade des Gebäudes. Es wird Bereiche geben, die diese Leere immer zum Teil der Betrachtung machen, die wiederum in ihrer Deutung nicht festgelegt werden kann. Schließlich handelt es sich um ein Bauwerk, dessen Funktion der Ausbildung junger Generationen von Studenten dient und schon deshalb «Freiräume» bietet, in denen man sich verliert und findet.

Gerade in diesem gedanklichen Vexierspiel ist eine Metapher jener Mobilität zu sehen, die Sou Fujimoto in Raumentwürfen und deren detaillierter Umsetzung auszulösen sucht. Das Innen-Außen-Verhältnis ist das Leitmotiv Fujimotos. «Inside like outside, outside like inside» lautet eine Kapitelüberschrift zur Bibliothek und jedes Wort des folgenden Zitats zu Bibliothek von Musashino verrät – in Kenntnis der Gedankenwelt Sou Fujimotos – einen Schlüsselbegriff seiner Haltung, Raum als selbst zu bestimmenden Moment zu begreifen:

« Another characteristic of this library is the space, where interiority and exteriority undergo convergences. The spiral line of the bookshelf continues to wrap the periphery of the site becoming the exterior wall, and continues around to create further depth for built space. As one approaches through the cherry-blossom lined campus route, the nebulous depth presents one first with bookshelves, and before one registers the whole, through several layers, one finds himself inside the library. The intention was to meld the otherwise massive library volume inside the pure continuity of the inside-and-outside.» [23]

Das immer wieder vergleichende, prüfende Nachdenken über neue Zusammenhänge und Entwürfe, sein Bestreben, nicht bestimm- und begrenzbare Vielfalt so zu erwirken, dass aus emotionaler Empfindung von Architektur und ihrer andersartig angelegten Raumdisposition ein Glücksmoment ausgelöst wird, das ist das Faszinierende an den Entwürfen von Sou Fujimoto. In diesem Verständnis ist seine Architektur sozial, weil sie zu kommunizieren sucht, was nur mit dem eigenen Körper im Raum erlebt werden kann und sie ist in unserem Verständnis futurospektiv, weil sie dieses bereichernde Sehen zu einem Moment zukünftiger Orientierung macht, die nur ein Kunstwerk vorgeben kann. Man mag dieses innovative Erfindertum Sou Fujimotos auch als Avantgarde in der frühsoziologischen Bedeutung jener Verantwortung in Verbindung von Kunst und Gesellschaft bezeichnen, von der der französische Soziologe und Philosoph Henri de Saint-Simon (1760–1825) ausging, als er den Begriff der Avantgarde um 1824 für die Kunst vereinnahmt und geprägt hat.

Anmerkungen

1. László Moholy-Nagy, von material zu architektur, Neue Bauhausbücher, hg. von Hans M. Winkler, Mainz, Berlin 1929.
2. Sou Fujimoto, Primitive Future, Contemporary Architect's Concept Series 1, hg. von Izumi Akiyama, Tokyo 2008.
3. Ebd., S. 24.
4. Ebd., S. 32.
5. Ebd., S. 37.
6. Ebd., S. 49.
7. Ebd., S. 67.
8. Ebd., S. 76.
9. Ebd., S. 89.
10. Ebd., S. 108.
11. Bruno Taut, Das japanische Haus und sein Leben. Houses and people of Japan, Berlin 2010 (EA Berlin 1997), S. 322.
12. Walter Gropius, Apollo in the Democracy: The cultural obligation of the architect, New York, Toronto, London, Sydney 1968, S. 105–138.
13. Vgl. dazu den Beitrag von Günter Küppers in diesem Katalog.
14. Modell erstmals abgebildet in: Sou Fujimoto, Primitive Future, Contemporary Architect's Concept Series 1, hg. von Izumi Akiyama, Tokyo 2008, dann in: Sou Fujimoto, 2G, Revista international de arquitectura / International Architecture Magazine, Nr. 50/2008, sowie in: Sou Fujimoto, teoria e intuicion, marco y experience / theory and intuition, framework and experience, El Croqis Editorial, Nr. 15/2010. Beide Publikationen dokumentieren auch die Schrift «Primitive Future» von Sou Fujimoto.
15. MARK, Nr. 36, Februar/März 2012. Auf die ingenieurtechnische Leistung von Jun Sato, die in diesem Artikel auch beschrieben ist, soll hier nicht näher eingegangen werden.
16. Ebd., S. 159. Vgl. auch: archithese, Internationale Zeitschrift und Schriftenreihe für Architektur, Nr. 2/2012. Diese Ausgabe ist dem Thema «Bauherr» gewidmet und spürt dem Verhältnis von Bauherr und Architekt anhand verschiedener Beispiele nach.
17. Ebd., S. 157–167. Die Autorin Cathelijn

Nuijsink fragt Sou Fujimoto danach, was passiert, wenn die Bewohner alt werden, ob es nicht zu gefährlich sei und wie man das Haus weiterverkaufen könne, wenn die Bewohner, für die es gemacht ist, es einmal abgäben.

18. Sou Fujimoto hat im Dezember 2011 den 1. Preis in einem Wettbewerb in Taichung/Taiwan gewonnen, dessen Ausschreibung eine monumentale Aussichtsplattform vorsieht, mit der ein neues Wahrzeichen für Taiwan geschaffen werden soll, abgebildet auf dem Cover von: wa Wettbewerbe aktuell – Fachzeitschrift für Architekturwettbewerbe, Nr. 1/2012.

19. Joachim Fischer, Heike Delitz (Hg.), Die Architektur der Gesellschaft. Theorien für die Architektursoziologie, Bielefeld 2009, S. 13/14.

20. Ebd., S. 4/5.

21. László Moholy-Nagy, von material zu architektur, Neue Bauhausbücher, hg. von Hans M. Wingler, Mainz, Berlin 1968, S. 194.

22. Sou Fujimoto. Musashino Art University Museum & Library, Contemporary Architect's Concept Series Special Volume 1, hg. von Izumi Akiyama, Tokyo 2010.

23. Ebd., S. 13.

Sou Fujimoto

1971
geboren in Hokkaido, Japan
1990–1994
Architekturstudium an der Universität Tokyo
1993
erste Europa-Reise
1994–1995
zurück in Hokkaido
1995
zweite Europa-Reise und Türkei
seit 1996
lebt Sou Fujimoto in Tokyo

2000
gründet er das Büro Sou Fujimoto Architects
in Tokyo

Monografische Publikationen

Sou Fujimoto, Primitive Future, mit einem Vorwort von Toyo Ito und einem Text von Terunobu Fujimoro, Tokyo 2008

Sou Fujimoto, 2G, Nr. 50, mit einem Vorwort von Toyo Ito und einem Text von Julian Worrall, Barcelona 2009

Sou Fujimoto 2003–2010, El Croquis , #151, Madrid 2010

Sou Fujimoto Musashino Art University Museum & Library, Tokyo 2010

Sou Fujimoto, Kenchiku ga umareru toki, Chiba 2011

Sou Fujimoto, Yukio Futugawa, Fujimoto Sosuke Dokuhon, Tokyo 2011

Ausstellungsbeteiligungen

The primitive Future House, Art Basel, 2008

LIVING, Frontiers of Architecture III–IV, Lousiana Museum, Humlebaek 2010

Inside/Outside Tree, 1:1, Architects build Small Spaces Exhibition, Viktoria & Albert Museum, London, 2010

Sou Fujimoto, Forest, Cloud, Mountains, The Watari Art Museum of Contemporary Art Tokyo 2010 (Einzelausstellung)

Kunsthalle Bielefeld Betriebsgesellschaft mbH

Gesellschafter:
Stadt Bielefeld, Sparkasse Bielefeld,
Kulturstiftung pro Bielefeld

Direktor
Dr. Friedrich Meschede

Stellvertretende Direktorin
Dr. Jutta Hülsewig-Johnen

Geschäftsführung
Bernd Engelbrecht, Dr. Friedrich Meschede

Verwaltung
Karin Marquardt, Gabriela Spengemann

Registrar
Felicitas von Richthofen M.A.

Presse
Christiane Heuwinkel

Bildung und Kommunikation
Matthias Albrecht M.A., Christiane Heuwinkel,
Bastian Weisweiler M.A.

Team Vermittlung
Klaus-Dieter Braun, Klaudia Defort-Meya,
Ute Dohrmann, Milena Grosman, Regine Höweler,
Björn Klaus, Denise Kolb M.A., Gregor Lübbert,
Christiane Lutterkort M.A., Lewon Lutterkort,
Nils Lutterkort, Nele Oelschläger M.A.,
Dirk Otterstedde, Hülya Sama, Anke Schliemann
M.A., Inga von Schultzendorff-Engeling,
Brigitte Sonntag, Angela Terbrack M.A.,
Ute Unterlöhner M.A.

Internet-Redaktion
Matthias Albrecht M.A.

Marketing
Bastian Weisweiler M.A.

Kuratorische Assistenz
Dr. des. Henrike Mund M.A.

Wissenschaftliches Volontariat
Christina Anna Lehnert M.A.

Haustechnik
Viktor Breivogel, Waldemar Schulz

Bibliothek, Museumsshop
Tania Müller

Empfang
Susanne Esdar, Petra tom Felde

Aufsicht
Bärbel Schütt, Anja Stetzelberg mit
Helen Browers, Marion Denis, Gerd Deutschmann,
Birgit Freund, Petra Göke, Birgit Hollmann,
Alexandra Koch, Thomas Koch, Lewon Lutterkort,
Sara Müller, Claudia Schiffer-Hetz, Lena Schüler,
Roswitha Schwedt, Tabea Katharina Siekmann,
Gabriele Stichling, Renate Waltersdorf,
Nils Wittenberg

Leitung Hängeteam
Philipp Donald Göbel

Mitarbeiter Hängeteam
Ingo Bustorf, Gunther Grabe, Michael Schrick

Aufsichtsrat der Kunsthalle Bielefeld
Betriebsgesellschaft mbH

Vorsitzender des Aufsichtsrats
Gerd Kranzmann

Brigitte Biermann, Dr. Axel Brandi,
Dr. Florian Böllhoff, Dr. Dieter Brand,
Manfred Brinkmann, Ursula Burkert,
Dr. Udo Witthaus, Ricarda Osthus,
Hagen Reuning, Dr. Ingeborg von Schubert,
Arnold Schulz, Detlef Werner

Förderkreis der Kunsthalle Bielefeld e.V.

Vorstand
Dr. Günter Küppers, Vorsitzender

Donata von Daniels, Konrad Delius,
Benedikt Kastrup, Martin Knabenreich,
Elisabeth von Reden

Ehrenvorsitzender Sigurd Prinz

Kuratorium des Förderkreises

Dr. Ulrich Greiffenhagen, Vorsitzender

Oberbürgermeister Pit Clausen
Dr. Jochen Harras-Wolff
Peter-Christoph Loewe
Egidio Marzona
Dr. Peter von Möller
Ricarda Osthus
Klaus-Peter Schöppner
Dr. Ingeborg von Schubert
Marianne Thomann-Stahl
Dr. Karin Zinkann

Diese Publikation erscheint
anlässlich der Ausstellung
«Sou Fujimoto. Futurospektive Architektur»
Kunsthalle Bielefeld
3. Juni – 2. September 2012

Kunsthalle Bielefeld
Artur-Ladebeck-Straße 5
D 33602 Bielefeld
+49 (0)521 3299950-0

Herausgeber:
Dr. Friedrich Meschede

Lektorat:
Christiane Heuwinkel, Matthias Albrecht,
Bastian Weisweiler

Übersetzung aus dem Japanischen:
Susanne Kuhn, Heidelberg

Fotografie:
Sou Fujimoto Architects, Tokyo
außer:
Stefan Müller, Berlin, S. 323, 324 / 325

Konzept und Design:
Thomas Mayfried & Swantje Grundler,
München / Paris
Designer: Ron Woods, Sidney

Gesamtherstellung:
DZA Druckerei zu Altenburg GmbH

Erschienen im
Verlag der Buchhandlung Walther König, Köln
Ehrenstr. 4, 50672 Köln
Tel. +49 (0) 221 / 20 59 6-53
Fax +49 (0) 221 / 20 59 6-60
verlag@buchhandlung-walther-koenig.de

Bibliografische Information der
Deutschen Nationalbibliothek
Die Deutsche Nationalbibliothek verzeichnet diese
Publikation in der Deutschen Nationalbibliografie;
detaillierte bibliografische Daten sind über
http://dnb.d-nb.de abrufbar.

Printed in Germany

ISBN 978-3-86335-244-8